ちくま新書

働く女子のキャリア格差

国保祥子
Kokubo Akiko

1302

はじめに　こどもが生まれたら営業成績がよくなった⁉

２０１４年初夏、私は娘を出産して育児休業期間を過ごしていました。こどもとひたすら向き合う日々は楽しいものの、復帰後に果たしてこれまで通りに仕事をしていけるのだろうか、育児と両立しながら働くということが自分にできるのだろうかという漠然とした不安を抱えていました。

しかし、育休中に出会った**「働くママ友」美佳さんがふと口にした言葉が、大きな転機になりました。**美佳さんは、ネスレグループの企業で法人向けの営業に従事しており、そのとき第２子の育休中でした。

「第1子を出産して時間の制約を受けるようになってから、営業成績が急によくなった。成果が出たら仕事が面白くなったので、今回の第2子の育休を利用してさらにビジネスを勉強したいと思っているが、ビジネススクールは子連れで通えない。どうしたらいいでしょうか？」

この話を聞いて、私は「出産後にパフォーマンスが上がる女性がいる！」と目から鱗がぽろぽろと落ちました。同時に研究者としての好奇心がむくむくと湧き上がり、**なぜそんなことが可能になるのか**を知りたいと思いました。

一般にはあまり知られていませんが、育休中でも意欲が高い女性は、自発的にこどもを実家やベビーシッターに預けて通常のMBAコースやオンラインの学習プログラムを受講しています。ただそうした女性は、最初から管理職や起業が視野に入っている少数の方々です。世の中の多くの女性はそこまで明確なキャリアプランを持っているわけではありません。「女性はその程度の学習意欲しかないのだろうな」と勝手に考えていたので、美佳さんの話は「こどもを預けるというハードルは越えられないが、将来のキャリアを見据えて勉強したい意欲を持つ女性がいる！」と、私の意表を衝くものでした。

いわゆる普通の女性たちが経営教育プログラムを受講することで、どのような変化があるのかに、研究者としても一人の母親としても興味を持ったのです。

そこで、美佳さんが会場確保と参加者集めを、私が管理職やリーダー層向けの経営教育教材をアレンジして準備し、乳児連れでも学べる「育休プチMBA」と名付けた勉強会を2014年の7月から開催することになりました。

最初は5、6人での細々とした活動でしたが、プレジデント・オンラインやNHKに取材・掲載されたことで反響が大きくなり、私や美佳さんが育休を終えても参加希望者が後を絶たなかったため、育休中のメンバーでボランティアチームを組織して、活動を継続するスタイルに変更しました。

勉強会の告知をfacebookに掲載して数時間後に、参加定員が埋まってしまう現象を目の当たりにして、これほど就業意欲や学習意欲の高い育休中の女性が多いことに驚いています。

†人事部・管理職男性の悩み

私は経営学者として、民間企業や官公庁といった「組織」や、そこで働く「人材」について研究しています。学位をとったのは経営学大学院（いわゆるビジネススクール）なのですが、実務家向けに経営教育を行っているビジネススクールには、様々な組織の現場における人材教育の相談が持ち込まれます。私も研究と教育の傍らで、企業の従業員や行政機関の職員といった実務家を対象にした人材育成を手掛けるようになりました。

中でもリーダー育成や管理職育成のプログラムを担当することが多く、経営層・管理職・若手リーダーを対象に、ビジネススクールスタイルのケースメソッド教育で経営者目線の思考トレーニングを提供しています。

そうした人材育成の現場では、女性を見かけることは少なく、また研修に参加していても発言をほとんどしません。社内に女性はいないのかと尋ねると、人事部や管理職の男性の答えは「女性社員はいるのですが、意識が低くて研修に応募してこないのです」というものでした。他にも企業の現場では、

①「女性は独身のときは優秀で頑張り屋だけれど、こどもができると育児中心の生活をしたがるようになり、人が変わったように仕事へのやる気を失う」

②「小さいこどもを持つ女性は、こどもの病気で頻繁に休んでは周りに負担をかけ、職場に不満が溜まる」

③「身軽な独身女性は、こどもがいる女性のフォローをして当然。女性同士だから苦労も分かりあえるでしょ」

④「女性は管理職になりたがらない、いつまでも責任のない立場で楽をしたがる」

などといった声をよく耳にします。

女性の問題、とくに子育てをしながら働く女性を取り巻く問題は、女性の意識が原因で

ある、したがって解決するためには女性が変わらなくてはいけない、という意見が優勢であることがこれらの意見から分かります。表立っては口にしませんが、「女性側に問題はあるのだから、女性を採用したくない、妊娠したらできれば辞めてほしい」と考えている会社も少なくないと思われるのです。

†働く女性の実際

私は「育休プチMBA」勉強会を通じて、4000人近くの働く母親と接してきました。その中で、人材育成の専門家として、興味深いことがいくつか分かってきました。

まず、一般的に「女性は出産すると仕事への意欲を失う」と言われていますが、出産が直接的な原因ではないことが明らかになりました。むしろ育休中の女性たちの就業意欲は、意外にも高いことがデータにも表れています。育休から復職した女性が、どのような困難に直面するのかを調べていくと、原因は女性個人というよりも職場環境や女性と管理職とのミスコミュニケーションにあることが分かりました。

一方で、育休プチMBA参加者のその後を調査すると、復職後のほうが上司からの評価が高くなった、予定より早く昇進することになった、という事例もいくつかあります。

そうしたデータや目の前の事例を見ているうちに、**企業が女性に期待をしないのは、女性という経営資源に関して大きな誤解をしているだけであり、実は大きな宝の山が眠っている**ということに気づきました。

女性側からは「うちの会社や上司は子育て中の社員への理解がない」という愚痴が出ますが、よくよく聞くと単なる誤解の結果であることも分かってきました。

そうした**意欲も能力も高い女性たちが、職場環境が整っていないばかりに、出産をきっかけにパフォーマンスを発揮できなくなるというのは大きな社会的・経済的損失なのではないか**、経営学者として解決するべき問題なのではないかと考えるようになりました。

†経営課題としての「女性と仕事」

過去10年、日本社会はめまぐるしい変化を遂げています。スマートフォンが発売され、リーマンショックが起こり、日本航空が会社更生法を申請し、フィンテックが台頭し、東芝の不正会計、日産自動車や神戸製鋼所の品質データ改竄《かいざん》が次々と明らかになり……と以前であれば予測できなかったことが、たくさん起こっています。女性だけでなく男性も、いつ職を失っても不思議ではありません。夫婦の3組に1組は離婚すると言われています。

今私たちが直面しているのは、仕事にしろ育児にしろ、変化のスピードが速く不確実性の大きい社会なのです。

こうした社会において、「男性は仕事、女性は家庭」という従来の性別役割分業は、少しリスクが高い選択のように私には思えます。

そうした中、**女性が育児と両立しながら仕事で活躍するためには、どういった要素が必要なのか、そのために組織や個人が何をすべきなのか**という領域についての研究はほぼ存在しません。**この組織と個人に関する課題を解決することを目的に、私は経営学者という立場で研究をしています。**本書では、その一部を分かりやすく紹介していこうと思います。

本書の構成は次の通りです。

序章では、働く女性が直面している状況をデータで概観します。

第1章では、女性に関するよくある誤解を取り上げて解説します。女性個人の特性だと考えられている問題が、実は職場の問題なのだということが分かると思います。

第2章では、女性の間に生まれつつある断絶について説明します。働く女性も多様化しており、同じ女性なのだから……という対処法はもはや通用しなくなっています。

第3章と第4章では、働く女性が出産を機に陥りやすい代表的なキャリアの落とし穴について解説するとともに、脱却のためのヒントを提示します。

第5章では、女性という人材を活《い》かすことの企業にとってのメリットと、その際の課題となる3つの条件をうまく克服している事例を紹介します。

第6章では、私が専門とする経営学を使って、育児と仕事を両立するうえで知っておくと少し楽になる知識を紹介します。

第7章ではこうした働く女性を取り巻く問題を次世代に継承しないために、あなたができることや学ぶことの大切さを紹介します。

終章では、育休中に学ぶ機会をつくったことで、復職前より働きやすくなった、活躍できるようになった人の事例を紹介します。

なお最初におことわりしておくと、女性がこどもを持つか、仕事を続けるかは個人の選択だと思っています。すべての女性や男性がこどもを持つべきだと考えているわけではありませんし、育児に専念する生き方を否定しているわけでもありません。仕事を続ける場合も、キャリアアップだけが幸せだとも思っていません。

でも、選択肢を多く持つことは、豊かな人生につながるのではないでしょうか。**働きたいのに働けない、キャリアアップをしたいのにできない、両立したいのに諦めざるをえない。そうした状況に陥る人を減らしたい、人生の選択肢を多く持てる人を増やしたい、**というのが私の願いです。

そして、もし育児と両立しながら仕事をしていきたい、または自社にそうした女性社員を増やしたいと考えているならば、あらかじめ知っておいたほうがいいことがたくさんあります。私個人の経験からも、研究者として様々なデータを見ていても、育児期間をどのように過ごすかは、その後活躍ができるかどうかを大きく左右するようです。

本書では、そうした事実をデータや理論で伝えるとともに、**出産を経ても活躍できる女性はどこが違うのか、活躍している女性がいる職場はどこが違うのか**についても迫ってみたいと思います。

「女性の擁護」をするのではなく、組織や会社の目線から見て、なぜ女性に期待や投資をすることが合理的なのか、どうすれば女性が「権利主張者」ではなく「組織貢献者」になり得るのかを、研究者として解説したいと思います。

働く女子のキャリア格差【目次】

イラストレーション　大澄　剛

序　章
働く母親たちの現状

†働く女性が100人の村だったら

まずは働く女性を取り巻く状況について、現状を数字で見ていきましょう。さまざまな調査のデータをもとに、「働く女性が100人の村だったら」と仮定して、「100人中何人」に換算することでその割合を出してみたいと思います。

現在、大学を卒業する100人のうち、約半分の49人は女性です。*1

また、日本の会社で働く人は100人中43人が女性です。*2 この割合は他の先進国でもあまり変わらず、アメリカでは47人、フランスとスウェーデンでは48人、シンガポールは44人です。*3 なかなか健闘していると言えるでしょう。

一般的には、入社して順調にキャリアアップを重ねていくと、次のステップとして課長や部長といった管理職へ昇進していきますので、管理職に占める女性の割合が50%に近いほど女性が活躍していると言えるでしょう。つまり女性管理職比率とは、女性の活躍度を見る指標だということです。

アメリカでは管理職の100人のうち、43人が女性です。フランスでは36人、スウェーデンでは35人、シンガポールは34人です。*4 多少絞りこまれているとはいえ、それほど不自

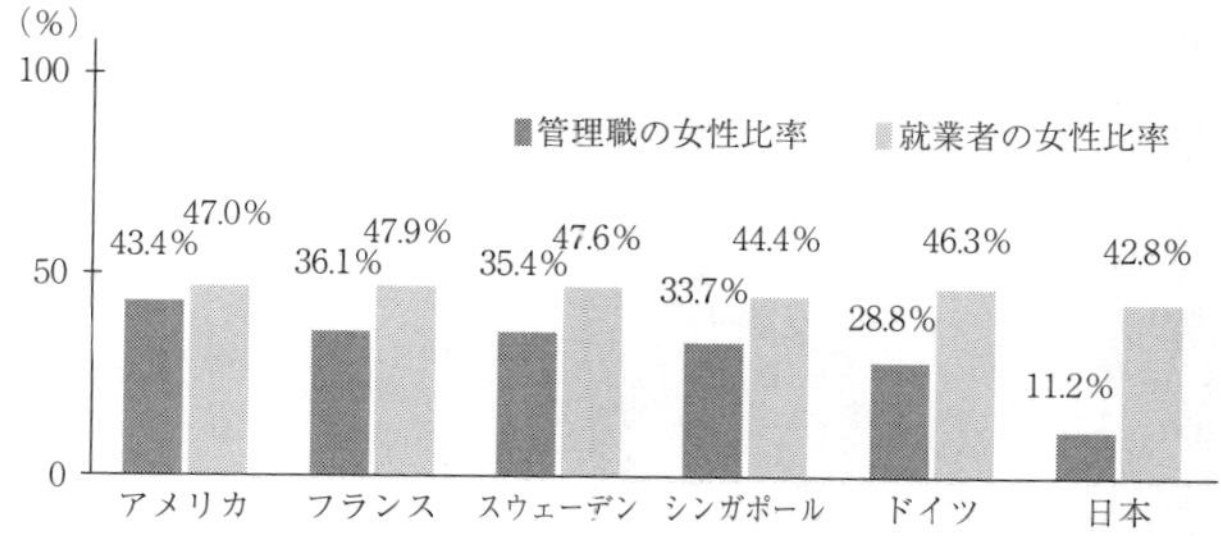

図0-1：各国の就業者および管理職に占める女性の割合（独立行政法人労働政策研究・研修機構「データブック国際労働比較2015」より）

然ではない人数ですね（図0-1）。

一方日本では、管理職100人のうち、女性はわずか11人です。[5] 別のデータでは6人という説もあります[6]し、100社中50社は「管理職に女性は全くいない」と回答している調査もあります。[7]

†こんなに多い〝不本意専業主婦〟

管理職に女性がいない原因の一つは、出産を機にキャリアを中断する人が多いことです。育児休業制度が整いつつある現在でも、1人目のこどもを産む際には100人中ほぼ半分の47人が離職しています。[8]「子育て期に仕事ができないのは仕方ない」と考える人もいるかもしれません。

しかし、育児期に仕事を離れる女性が多いという現象は、日本以外の先進国ではほとんど見られません。

なぜ日本だけ、働く女性が減ってしまうのか、不思議ではありませんか？

妊娠・出産前後の時期に仕事を辞めた一番の理由を尋ねた調査で最も多いのが、「家事、育児に専念するため、自発的にやめた」で、自らの意思で離職している人が100人中41人です[*9]、次いで多いのが「仕事を続けたかったが、仕事と育児の両立の難しさでやめた」で、続けたかったけれど不本意ながら離職した人が100人中21人となっています。

ところが現在専業主婦の女性に就労意欲を尋ねた調査では、明確に「働かない」ことを希望している人は、100人中わずか8人であるという結果が出ています。[*10]つまり残りの92人は、仕事をしたいと思っているのに何らかの理由で働けていない〝不本意専業主婦〟なのです。育児に専念したいと離職して、その後やっぱり働きたいと思ってもなかなか仕事を見つけられない人が多いということでしょう。

なお、うまく再就職ができた人も、年収300万円以上のポジションを得られた人は100人のうちわずか12人程度で、過半数の56名の女性は年収100万円程度のポジションです。[*11]多くの人は、パートタイマーや非正規社員として再就職をしていると考えられます。年収の高さと幸せは別ものではありますが、せっかく身につけた学歴や出産前の仕事経験が、再就職の際に活かせないのは少し残念な気がします。

†働く女性の二極化現象

管理職に女性がいない原因のもう一つは、女性は就業年数を重ねても昇進せず平社員に留まる人が多いことです。これは女性がそもそも昇進の対象にならないという面と、本人が昇進したがらないという面があります。

1986年に「男女雇用機会均等法」が施行されて以降は、会社の責任あるポジションを狙うことができるいわゆる総合職の女性が増えていきます。均等法の施行以降に基幹的業務を行うために総合職として入社した「均等法世代」は、平たく言うと男性と同じぐらいバリバリ働く機会を与えられた世代です。ある調査では、100人中42人が結婚しておらず、70人はこどもがいません。[*12]

現実を見た女性たちは、「こどもを持たないまたは先送りしてでも仕事に邁進《まいしん》したい」と考える人と、「いつかはこどもが欲しいから仕事はそこそこでいいや」と考える人に分かれていきました。そして前者のみが管理職の候補となり、その結果、「100人中わずか6人」という数字になっているのでしょう。

キャリアの構築期と出産適齢期が重複する女性にとって、妊娠・出産期の展望を抜きに

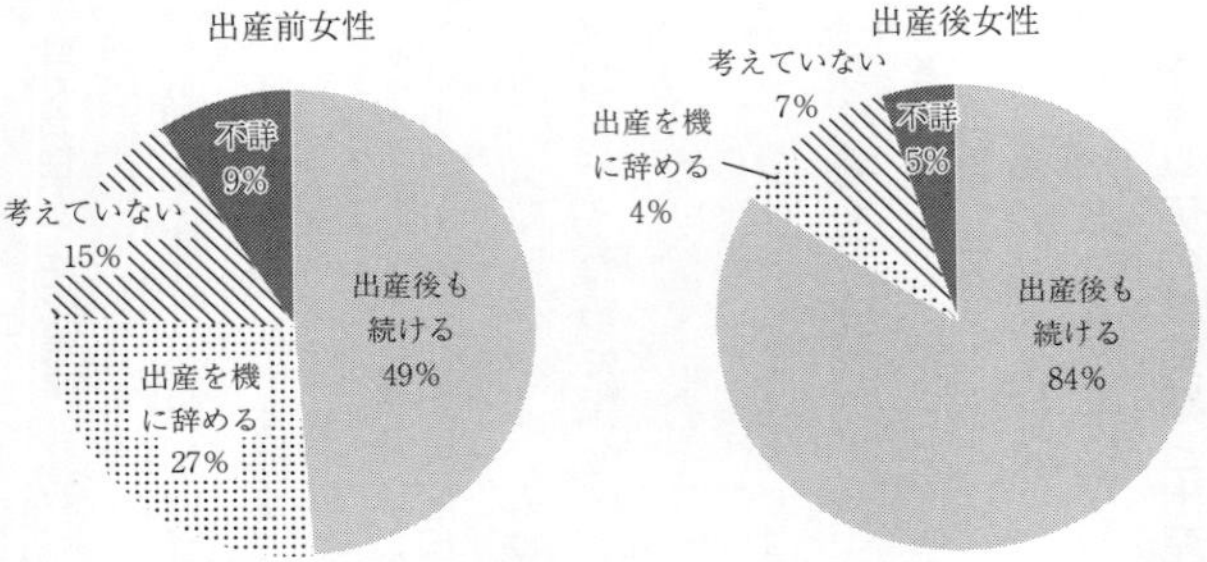

図０−２：出産前と出産後の正社員女性の就業継続意欲（厚生労働省「第１回21世紀成年者縦断調査の概況」有職・有配偶者で出産の意思がある20〜34歳の出産前の女性と出産後の女性に就業継続意欲を尋ねたもの。ただし同一人物の出産前後の比較ではない）

仕事での活躍プランは描けません。企業側がもし女性の活躍を望むのであれば、その展望が持てるように職場環境を整備する必要があると私は考えています。

†女性は仕事へのモチベーションが低いのか？

「はじめに」で見たように、周囲の人が抱きがちな働く女性の「あるある」として、「女性はこどもが生まれると、仕事へのモチベーションが下がる」というものがあります。

しかし出産が、女性の就労意欲の直接の低下原因ではないことはデータにも表れています（図０−２）。厚労省が20〜34歳の既婚女性正社員に仕事を続ける意欲を尋ねた調査では、既にこどもがいる女性で「仕事を続けたい」と答えた人は１００人中84人、

「辞めたい」と答えた人はわずか4人です。[*13] こどもをこれから持ちたいと考えている女性で「仕事を続けたい」と答えた人は100人中49人、「辞めたい」と答えた人は27人[*14]となっています。

私の場合はこどもが生まれたことで、仕事を続けることへの覚悟が定まったり、育児休業というかたちで育児に専念する時間をもったことで、仕事ができるありがたみを実感しました。出産後は逆にモチベーションが上がることもあるのです。こどもを持っても仕事を続けたい人は、世間一般のイメージよりはるかに多いと言えるでしょう。

†育休から復帰後の女性によくある愚痴

育休を経て復職した女性からよく聞く愚痴としては、「うちの上司は育児をしながら働くことに理解がない」というものがあります。例えば育児中だからという理由でやりがいを感じにくいポジションやタスクをあてがわれるケースが多いようです。こうした責任の少ないタスクは達成感や成長の実感を味わう機会も少なく、当事者にとっては不本意に感じることもあるのです。

また、「復職後は残業ができないのに、育休前と同じ業務量を求められる」という愚痴も聞こえてきます。業務時間が減っているのだから、その分業務量を減らしてほしいということですね。

どちらの愚痴も、女性側と上司側の主張の方向が行き違っていることがお分かりでしょうか。「こどもがいると大変だから負担の少ない業務にしてあげよう」と上司側が配慮をすれば、女性はやりがいを感じられなくなる。反対に、育休前にこなしていたペースで仕事を振ってくる上司が、女性にとっては配慮不足に感じられてしまうのです。

つまり復職後の女性とその上司は、配慮をしすぎたり、または配慮が足りなかったりした結果、お互い不満を募らせるということが、多くの職場で起こっているようなのです。

†ミスコミュニケーションに陥らないために

さて、これまでに説明してきた**問題の根源にあるのは「ミスコミュニケーション」です。**これを回避するためには、**女性側は会社目線に立ったコミュニケーションをすることと、時間的制約の中でも業務責任を果たせるような働き方をすることが重要です。**

コミュニケーションについては、特に男性管理職と女性部下という、性別および立場が異なる関係のときに最も課題があります。これまでの社会では、男性は仕事での活躍、女性は家庭内の育児での活躍が前提として期待されてきましたので、その前提が変わったときのコミュニケーションに慣れていない人が多いのは事実です。

管理職を経験していない部下が管理職の目線を持つということは、なかなか自然にはできません。反対に専業主婦の妻を持つ男性管理職が、育児と両立しながら働く女性部下の状況を想像することも簡単ではないのです。

職場での立場を重視する男性上司と、職場だけでなく家庭での役割も重視せざるを得ない女性部下との間には、そもそもミスコミュニケーションが起こりやすい対立構造があると言えるでしょう。**いったん個人の立場を離れ、お互いが所属している会社という視座に立ったコミュニケーションができるようになれば、対立関係ではなくなる**ため意思疎通が楽になります。

†会社目線で考えてみよう

ここで整理してみましょう。

会社としては、基本的に全ての社員に、より責任のある役割を担ってほしいと考えます。出産によって制約を抱えた女性（男性）にとっても、なるべく挑戦的な業務を積極的に

引き受けることが成長ややりがいを得ることにつながります。

制約の中で責任を果たすためには、タスクの取捨選択をするだけでなく、会社では同僚や上司、家庭ではパートナーや民間サービス等、他者の力をうまく借りることが必要になります。時間があるときであれば「自分がやったほうが早い」というマインドでも何とかなりますが、時間が限られているからこそやるべきことを整理して、自分だけががんばる以外の方法で責任を果たしていかなくてはなりません（もちろん他者の力をうまく借りるためには、できるときには自分も他者に力を貸すということが前提です。決して他人に仕事を押し付けるという意味ではありません）。**こうした仕事のやり方は、好きなだけ残業ができるときの働き方とは全く異なるものとなります。**

例えば、男性上司が育休から復帰した時短勤務の女性に、退社時間間近に急ぎの仕事を依頼したとします。そのときに「時短勤務ですから、この時間に仕事を依頼されても無理です」と答えるAさんと、「この仕事、急ぎではありますが今日中じゃなくても大丈夫なものですよね。私の退社時間まであと30分ありますので、今日はその中でできる範囲で骨子を仕上げますので、それをいったんチェックしていただいて、明日完成させるというスケジュールではどうでしょうか？」と答えるBさんでは、随分と印象が違うと思いませんかか？

こうした会社目線に立ったコミュニケーションと、時間的制約の中でも業務責任を果たせるような働き方を身につけるためには、小手先のスキルではなく、そもそもの考え方を変えなければなりません。

†活躍できる人の「マネジメント思考」

私は**「組織のビジネス上の方向性や目標を理解し、それを達成するうえでの自分の役割を分かっていること」**を「マネジメント思考」と呼んでいます。このマネジメント思考を習得すれば、コミュニケーションと働き方を改善することができ、立場が異なる人の間で生まれるミスコミュニケーションの負のスパイラルから逃れられると考えています。

ただし思考力は、一朝一夕で実現できるものではありません。体幹トレーニングのように、反復することによって徐々に思考力を鍛えることが必要です。もし実務を離れざるを得ない育休期間をこうした思考トレーニングにあてることが出来るならば、復職後の生活がとてもスムーズになります。先述の「育休プチＭＢＡ」はそのための勉強会として立ち上げたものです。

勉強会に出ていなくとも、「マネジメント思考」の内容と、それをどのように鍛えていくのかについて、次章から具体的に見ていきたいと思います。

第 1 章
女性にまつわる誤解と矛盾

†「女性活躍」の裏にある職場の不満

本章では、「マネジメント思考」の有用性を具体例とともに説明します。

「女性活躍」という風潮に、表立って反対する人はあまりいません。とはいえ、諸手をあげて賛成しているかというとそうでもなく、人事部や管理職、経営者の方から話を聞くと、女性に対する不満は少なくないと感じます。一方で女性側からも、企業に対する愚痴を聞かされることがよくあります。目指すところ（「女性活躍」）は同じであるのに、なぜそれほどまで職場に不満が溜まるのでしょうか。

理由は、女性側・企業側双方の誤解です。すれ違いの事例から、どう「マネジメント思考」を鍛えることができるかを見ていきましょう。

少し前の日本社会は、「仕事は男性、育児は女性」という性別役割に基づいた分業システム（性別役割分業システム）で円滑に動いてきました。例えば、「ドラえもん」や「しまじろう」といった日本のこども向けアニメでは、お父さんはスーツを着て会社に行き、お母さんはエプロンをつけて家で家事をしています。こうした家庭が典型的なモデルだったのです。

しかし、女性の高学歴化が進み社会進出が進むことで、仕事が男性だけのものという意識が薄れつつあります。そもそも、男性の平均年収は減少傾向にあるため、自分の親と同じように働いても、同じ生活レベルを維持することは難しくなっています。

ディズニーのこども向けアニメ「ドックはおもちゃドクター」では、医師のお母さんに憧れておもちゃのお医者さんになるドックという女の子が描かれていますが、お父さんはいつも家でおいしい食事を作ってくれています（ちなみにドックのおばあちゃんも医師で、ドックの妹は養女です）。同じく「マイルズのトゥモローランドだいさくせん」では、宇宙船で旅を続ける主人公のマイルズ一家が住むスペースシップのキャプテンはお母さんで、お父さんは操縦士です。日本でも、パナソニックの時短家電のコマーシャル（2017年）では、イケメンのお父さんが時短家電を使いこなしてこどもに美味しい食事を作り、食事ができたころにスーツ姿のお母さんが帰ってきます。

性別役割分業システムから、性別にとらわれず能力に基づいた分業システム（ここでは能力分業システムと呼びます）に移行しつつあることを感じます。

能力分業システム化が進み働く女性が増えていくと、必然的に「能力で社会を支えるこ

と」と、「子孫を産み育てること」をどのように両立するかが課題になってきます。この問題は、子育て中の女性のいる職場で顕在化する傾向があります。女性個人の問題ではなく、これまでの同質性を前提としていた職場が抱える構造的な問題と言えるのです。

その構造を具体的なケースで見ていきましょう。なおこれらの事例（ケース・スタディ）は、私が見聞きした現場の声に基づいたフィクションです。

†事例1「自分の権利ばかり主張する」

石田祐一郎＝中堅部品メーカーの課長

佐藤由美＝出産・育休後、時短勤務を申請して復職中

育休後復職者を迎える上司の不安【A面】

石田課長は、育休後の復職者・佐藤由美を迎えることとなった。他の部署の話を聞くと、子育て中の社員はこどもの病気による欠勤が多く、他の社員に負担がかかるようだ。由美をフォローすることで他の社員に負担がかかることは避けたい。「時短勤務を申請するのは短い時間しか働きたくない、つまり仕事へのモチベーションが下がっているの

だろう。であれば、難しい仕事や責任の大きい業務を任せても嫌がられるだけだろう」と考えた石田は、由美には同僚のサポート業務を任せようと決めた。

一年後、由美は時々欠勤することはあったものの、他の部員たちの心証はそれほど悪くないようで石田はほっとしていた。しかしある日の面談で、由美から「サポート業務の担当者を増やしてほしい」という希望を伝えられた。サポート業務の担当者を増やすということは、売上が増えないのにコストだけが増えるということであり、由美が主担当業務をこなしていないことで高コスト体質になっている石田の部署には受け入れがたい希望である。由美はサポート担当ですら、やる気が出ないということなのだろうか。

(株式会社ワークシフトのケースより筆者作成)

育休後復職者本人の不安【B面】

由美は、会社から1時間以上かかる地域に住んでいた。保育所に入所するための熾烈な活動(保活)を経て入った自宅近くの保育園は、延長保育を使っても18時までしか預かってもらえないため、定時まで働いているとお迎えに間に合わなくなる。選択の余地なく時短勤務で復帰したが、来年度はもう少し長く預かってもらえるところに転園しよう、そうしたらフルタイムに戻そう、と考えていた。

しかしながら、復職後は同僚のサポート業務が増えた。由美は部署で最も年齢が若いので、周りの人をサポートすること自体に抵抗はない。ただ同僚の手掛けている仕事を見ると、自分には重要度の高い仕事は任せてもらえなくなっていると感じる。自分の評価を上げるためには重要度の高い仕事を任せてもらわなくてはと焦り始めた由美は、サポート業務の担当者の増員を石田課長に相談してみたが、渋い顔をされた。そういえば復職する際に「こどもが小さいうちはそんなに頑張らなくてもいいよ」と言われたことを思い出し、「私は期待されていないということなのだな」と悲しくなった。

†解説：クリティカル・シンキングの重要性

さて、このケースのA面とB面は、同じ事象を上司と部下のワーキングマザーから見たものです。上司は上司で部下に配慮していますし、部下は部下で努力をしています。ただそのベクトルが互いに少しずれていることで、問題が生じています。なぜこういうことが起きるのかというと、**男性上司も女性部下も、自分の目線でしかものごとを捉えていない**からです。つまり、どちらも「クリティカル・シンキング」ができていないのです。

クリティカル（批判的）・シンキング（思考）とは、ものごとを多面的にとらえ、「本当にそうなのか？」と常に考える思考法です。**自分の目線だけではなく、別の捉え方ができないか、そこに隠れた前提はないか、用語や情報の解釈がずれていないかなど、あらゆる可能性を考慮して判断します。**

似た言葉にロジカル（論理的）・シンキングがありますが、こちらは主張と根拠の筋道が通っているかどうかを重視します。クリティカル・シンキングは、相手のロジックを正確に捉えたり、自分のロジックを正確に伝えたりする際に必要な思考力と言えます。

相手の話を無批判に受け止めるのではなく、相手の主張の根拠は何か？　真の主張は何か？　相手が無意識に持っている前提は何か？　について、常に考えながら聞くという姿勢が大事なのです。

この事例で言うと、石田課長は、由美が時短を申請したことを聞いて「モチベーションが下がっているのだろう」と勝手に判断しています。そのため、担当者の増員という由美側のリクエストを、自分の都合を押し付けているだけのように感じているのです。B面（由美の立場）を読むと、石田課長の解釈はどちらも間違っているということが分かります。

また由美は、石田課長の言葉から自分は期待されていないと解釈していますが、A面

（上司の立場）から見ると石田課長は期待していないというよりも、管理職としての業務完遂責任を重要視しているだけだということが分かります。

		モチベーション	
		あり	なし
制約	なし	A	B
	あり	C	D

図1－1：モチベーションと制約の関係（筆者作成）

小さいこどもを育てていると、自らの就労意欲とは関係なく、こどもの発熱や感染症といった理由で突発的に欠勤せざるを得ない状況が頻繁に発生します。こうした離脱リスクへの不安や、お迎え時間に間に合わなくなるという緊張感を日々抱きながら仕事をしていると、**タスクや責任を引き受けることに消極的になりがちです。この消極的な態度が客観的には「モチベーションが低い」「意識が低い」と映ります。**

つまり、図1-1でいうところの「C」が、BやDと混同されていることが多いのです。このケースでは、石田課長は由美を「D」だとみなしていますが、実際には「C」である由美は不満を募らせています。

†多面的思考と意思表示

こうした両者のミスコミュニケーションは、「相手の言動の真意は何だろうか」と考えたり、実際に尋ねたりするクリティカル・シンキングを意識することで回避できます。

例えば、由美が増員のことを相談する前に、自分がもっと仕事を頑張りたいということを石田課長に伝えていれば、石田は由美がCであるということが分かるため、対応が変わったでしょう。石田も由美の希望を状況証拠で判断するのではなく、直接意思を確かめる時間を設ければ回避できたかもしれません。

これまでのような同質性の高い組織であれば、自分と他人が抱いている前提に大きな差がないため、相手の状況や希望をそれなりに正確に推測することができましたが、現在の多様性の高い職場ではそうはいきません。自分の常識で判断することをやめ本人に確認する、自分の希望を慮ってもらうことを待つのではなく明示的に口に出して伝える、というプロセスが重要になります。

†事例2「期待をかけても辞める」

松本慎一＝大手消費財メーカーの第三営業部部長
鈴木ありさ＝新卒で入社後、松本の部署に配属

若手社員からの辞表に戸惑う上司【A面】

鈴木ありさは最初の2年は特にパッとしなかったが、同じ女性の先輩営業・林奈津子の下につけてから急に頭角を現しはじめた。能力開発につながる研修を受けさせたり、大事な商談を見学させたりという松本部長の教育施策と、本人の真面目な性格も手伝って、3年目には月間成績最優秀者として表彰されるほど、高成績をあげるようになった。

翌年、林が出産を機に退職した。彼女がいなくなった分、さらにありさに頑張ってもらいたいと考えていた松本部長だったが、数か月後、ありさから退職したいという話を切り出された。松本部長は、「どうして、こちらが期待をかけて投資をしているのに簡単に辞めるのだろう。いったい何が不満だというのか。こんなことであれば、今後女性に期待したり投資したりするのはやめよう」と考えた。

先輩が辞めた後に辞表を出す若手社員【B面】

ありさは、もともと人見知りが強い性格だった。営業部に配属後、最初はなかなか成果を出せずに苦しい時期が続いた。仕事に向いていないのではないか、もう辞めてしまおうかと考えていたときに部内の異動があり、林奈津子がありさの指導につくこととなった。林はありさの気持ちを汲み取るのがうまく、常にやる気を高めるような声かけをしてくれたため、ありさは営業の仕事が好きになり、結果もついてくるようになった。

しかし、林が出産することになり、しかも育休中に退社してしまう。林を目標に頑張っていたありさは非常にショックを受けた。ふと周りを見渡すと、ありさの会社で出産した女性は、辞めるか、ママ部署と呼ばれる主業務の下請けのような部署に異動になっていることに気がついた。「この会社では、こどもを産んだら面白い仕事ができなくなる。身軽ないまのうちに、出産しても働き続けやすい会社に移らなくては」と考えたありさは、こどもを持ちながら働いている女性が多い外資系企業への転職を決めた。

---

†解説：将来のことを見越して転職を決める女性

序章で、「女性は（実際に産むかどうかは別にして）妊娠・出産期の展望を抜きに仕事での活躍プランは描けない」ということをお話ししました。

このケースはその典型例です。松本部長はありさに期待をかけていますが、社内にプライベートと両立できるキャリアプランが存在しないため、出産後に自分がこの会社で働くイメージを持てなくなったありさは、現在のポジションに大きな不満があるわけではないものの転職に至りました。

ありさは結婚も出産もまだ先なので、松本部長はまさか「数年後（出産後）の展望が見えないこと」が退職の理由であるとは思いません。そのため**本来の原因である出産後の女性の扱いを見直すのではなく、女性全般に対する期待を下方修正するという行動に出ています。**

今後もこの会社では若い女性が辞め続けるでしょう。誰が悪いわけでもないのに、松本部長にとってもありさにとっても、そしてこの会社に勤める他の女性にとっても、残念な結末を招いている事例です。

どうしても**キャリア構築期と出産適齢期が重なってしまう女性にとって、出産とはすなわち「仕事経験を積むチャンス」を逃すということに等しい**のです。女性は安心して働きたいという気持ちが強く、特に育児をしながら働いていると「万が一のときにこどもを優先できなくなる」可能性が少しでもあれば、最初から責任を避けようとする傾向があります。

こどもが熱を出したときに休めなくなる状況を招く可能性があるのであれば、リーダー職に就きたがらないというのも同じ理由です。こどもが小さいうちは頻繁に熱を出すことは事実ですが、毎日ではありません。それでも、そのリスクを背負いたがらないのです。**育児との両立ができないと感じられる職場からは、離職したり、サポート業務への転換を希望したりして女性がどんどん離れていきます。**先輩女性の変化とその原因を、下の世代の女性たちはシビアに見ています。そしてありさのように、先を見越した行動に出るのです。

こうした状況を回避するためには、組織は、女性が安心して長く働けるように職場の整備をする必要があります。その上で、こどもがいてもいなくても公平に仕事経験を積むためのチャンスを与えたり挑戦的な業務経験を与えたりすることが重要です。

女性側も、こどものケアは母親だけの責任ではありませんので、パートナーに上手に協力してもらうことで自分が担当できる責任領域を広げることにチャレンジしましょう。後輩女性たちに両立できる姿を見せることも重要です。

実際、育児と仕事をうまく両立している女性たちは、保育園へのお迎えを週に1日だけでも担当してもらって残業できる態勢を整えたり、保育園への送りを任せて早朝出勤したりと、うまくパートナーの力を借りています。

†事例3「女性は仕事に対する意識が低い?」

木村淳也=機械工具などの生産財を扱う中堅商社の人事部部長
市川沙也加=病弱の母親の面倒を見るため地元企業に就職

職場の問題に気づかず、女性の問題と勘違いしている人事【A面】

ある日、木村部長はビジネス雑誌の「女性活躍の最前線」と銘打たれた特集を読みながら、「うちの女性社員もこれくらい意識が高かったらなあ……」とつぶやいた。社内の女性は全て事務作業に従事しているが、優秀だと感じる女性社員も少なくなく、市川沙也加もその一人である。沙也加が入社面接を受けにきたとき、履歴書を見て思わず「君ならもっといい会社に行けるのでは」と口走ってしまったほどだ。当然採用となり、木村部長は沙也加が社内に新しい風をもたらしてくれると期待していた。

しかし実際に入社した沙也加は、最初こそ精力的に行動している様子だったものの、半年くらい経つと指示されたことしかやらないようになった。キャリア上プラスになりそうなプロジェクトへの参画を提案したこともあるが、「それは私の仕事じゃありませんので」と断られた。興味を持ちそうな社外研修を提案してみても、「私には荷が重いです」と言う。

木村部長は、社内に一人だけいる女性役員が沙也加のロールモデルにならないかと思い、折に触れて彼女の話をしているが、興味がなさそうだ。「やっぱり、女性は仕事に対する意識やモチベーションが低いのかなあ」木村部長の悶々とする日々は続く。

長時間労働が常態化している職場で起こる、女性の意欲低下【B面】

沙也加は、都会の企業でバリバリと働くことを夢見たこともあるが、身体の弱い母親の近くで仕事をする道を選んだ。入社した会社では、女性は残業をしない限りキャリアアップの見込みがなさそうだということが、最初の1年で分かってきた。

課長や部長は、連日遅くまで働いている。母親のためになるべく残業をしたくないと考えている沙也加がそんな職場で評価されるとは思えず、そもそもプライベートを犠牲にしてまで管理職になりたいとも思わない。

人事の木村部長は女性役員のことを折に触れて話してくるが、自分が目指せるようなものだとは到底思えなかった。その女性役員は独身で、母親の世話と両立しながら働きたい沙也加の参考にはならない。周りの事務職の女性の先輩たちは仕事よりもプライベートで幸せを見出している人ばかりで、彼女たちと日々接していると、仕事はこのままほどほどでいいという気持ちが強くなってきた。

†解説：頑張れば報われるキャリアの展望はあるか？

このケースも男性上司と女性部下のどちらかが悪いというわけではないのに、全体として誰も幸せにならないという現象です。**人が何らかの行動に出るときには、その行動が望ましい結果につながる、ポジティブな評価を受けると信じられることが重要**です。これを「**結果予期**」といいます。[*15]

もし自分が適切な行動をしたとしても、その行動が適切な成果につながらない、正当な評価を受けないと思うと、人は行動を起こす気にはなりません。**頑張ったところで報われないのであれば、最初から頑張らないでいようと考えるのは自然なこと**ですね。

これまで日本企業で行われていた評価制度は主に無制約に働く人材を前提としたものであり、労働時間や勤務地の制約を抱える従業員には適合していません。そのため沙也加のように、長時間労働ができない限り、いくら頑張っても適切に評価されないのではないか、この会社では自分はキャリアの展望が描けないのではないかと判断する人もいます。**早々に勝負から降り、就労意欲を失って必要最低限の業務だけをこなす「ぶら下がり」社員が生まれる**のです。

こうした事態は、正当な評価を受けられる環境を用意することで解決することが可能です。時間制約にかかわらず正当な仕事配分方法や目標設定方法、評価方法を確立すればいいのです。

また、目標とするロールモデルは手が届きそうな立場の人でなければ、どうせ自分には無理と思って参考にしません。しかしながら、「手が届きそう」の基準は人によって違うため、特定の個人をロールモデルとして提示することには無理があります。特に育児に関する資源、例えば実家からのバックアップ度合など個人の抱える条件が違うだけでも、全く参考にできないと判断されることがあります。効果的なのは、ロールモデルを提示するよりも、社内外で多くの人生の先輩に出会える機会を作ることです。

一方で女性側も、せっかく期待されているのですから、自分が目指したいイメージを自分で作ってみてはどうでしょうか。もちろん一人では難しいでしょうが、社外でたくさんの人に会い、複数の人から少しずつ切り貼り（ブリコラージュ）して自分が目指したいイメージを作ってしまえばよいのです。

†事例4「育児中だから配慮していたのに辞める」

津川亮＝総合ITベンダー金融サービス部門第2ソリューションチームシニアリーダー

木村幸＝同チームメンバーで出産・育休後復職

育児中社員への配慮が裏目に出て戸惑う上司【A面】

津川シニアリーダーは、若手からベテランまで様々な部下のシステムエンジニアをまとめている。津川にとって、木村幸は育休から復帰した初めての部下であった。津川は、優秀な幸に仕事を続けてほしいと考えていた。上司として、幸の復帰後も働きやすい環境を作らなければと思い、現場のプロジェクトマネジャー（PM）である竹田淳史にも配慮するよう指示をしていた。

ある日のランチの際に様子を聞いてみると、竹田PM曰く「保育園のお迎えに間に合うように定時で帰していますし、トラブルで作業が深夜に及んだ場合も彼女は担当しなくていいようにしています。あとお子さんが熱を出したとかで割と頻繁に保育園から呼び出しの電話があるのですが、その場合も帰っていいよと言っていいます」とのことだったので、津川は安心していた。

しかし次の日、幸から「少しお話がありまして」と呼び出され話を聞いてみると、「来月いっぱいで退社させていただきたいと思っています」という。幸の言葉に自分の耳を疑う津川であった。

残業なし、急の早退もOKなのに退職する子育て中社員【B面】

幸は新卒で入った今の会社に愛着と誇りを持っていた。部門で初めての育休復帰者だったため周りに参考にできそうな先輩はいなかったが、自分にできることを精一杯やろうと思っていた。復帰後に所属した新しいプロジェクトチームの竹田プロジェクトマネジャーは育児中の幸の立場に配慮してくれた。

ところが、幸の想定以上に息子は頻繁に熱を出し、月に2回ほど保育園からお迎え要請の電話がかかってくる。インフルエンザに罹《かか》ったときは1週間出勤ができなかった。竹田PMは「いいよ、仕方ないよ」と言ってくれたが、さすがに申し訳なさを感じ始めた。トラブル対応で同僚が残業しているのを尻目に退社し、翌朝幸が出勤すると、火消しを終えたチームメンバーがデスクで仮眠をとっているということもあった。こうした状況を目にすればするほど、幸は同僚に支えてもらっているのに何も返せていないという罪悪感が募ってしまう。プロジェクト支援で入っている非正規社員に「いつも木村さんのサポートをありがとう、助かっています」と竹田PMが声をかけたときはいたたまれない気持ちになり、顔を上げることが出来なかった。自分は周りに迷惑をかけている、チームの役に立っていないのであれば、自分がいないほうがプロジェクトはうまく回るだろうと思うようになり、退社を決意した。

†解説：意欲はあっても自信がない

これは**配慮をしているにもかかわらず、その配慮が逆に重荷になっているパターン**です。管理職側は良かれと思って業務の負担を減らしてくれていますが、責任感の強い女性部下側はチームに貢献できないことに罪悪感を持ち、自分がチームのお荷物になっていることに耐え切れず、いっそ退社しようと考えてしまいます。

管理職として管理責任を問われる津川シニアリーダーと竹田PMは「せっかく配慮していたのに辞めるなんて」という思いを抱くでしょう。誰にも悪気はありませんが、誰も得をしないミスコミュニケーションです。

人が自分の能力に対して抱く自信のことを、「効力予期」といいます。[*16] これは業務に必要な行動を自分が成功裏に行うことが出来るかどうかという自己評価で、効力予期が高まることで自分に対する自信につながり、この自信があると人は行動を起こします。

このケースの幸は、出産前はある程度高い効力予期を持っていたのだと思いますが、小さいこどもを抱えて働く生活が始まり、自らの就労意欲とは関係なく、こどもの発熱や感染症といった理由で突発的に欠勤せざるを得ない状況が頻繁に発生したことで、自分の業務完遂能力に不安を抱くようになっていきました。正確には業務を達成するために必要な周辺環境が整備できていないという状態ですが、離脱リスクへの不安から効力予期が低下して行動を起こせなくなっています。

決して就労意欲が低くなっているわけではないのですが、**客観的にはこの消極的な態度を見て、周囲は不安や不満を抱き、急に欠勤しても影響のないポジション、責任ややる気がなくても問題になりにくいタスクを女性にあてがうようになっていきます。**これは嫌がらせではなく、津川シニアリーダーなりに考えたリスクヘッジの結果ですが、**責任の少ないタスクは達成感や成長の実感を味わう機会が少なく、また自分がチームのお荷物になっ**

ているという罪悪感を抱きやすいことから、女性は適応するためには図々しくなるか、自らの就労意欲を下方修正することが必要になるのです。

こうした状況を回避するには、上司と部下は密接にコミュニケーションをとることで、お互いにどこまで出来るのか、どこまで期待するのかの擦り合わせが必須です。また、効力予期を高めるには、達成経験を積み重ねたり、尊敬できる上司から説得されたり、知識・技術を習得することがプラスに働くと言われています[*17]。

幸としても、自分だけが家事育児を担うという状況を改善する必要があります。日本では家事育児の多くを主に女性が担っている家庭が多く、そのため女性が仕事で活躍しにくい状況を作り出していると考えられます。より具体的に言うと、6歳未満児をもつ日本の男性の家事時間（週平均）は1・2時間、女性は5・3時間と言われています[*18]。1日5時間も家事育児に費やしていたら、一人前の働きをすることが難しいのは当たり前ではないでしょうか。

女性の管理職比率の高いアメリカ、フランス、スウェーデンの6歳未満児を持つ男性の週平均家事時間はそれぞれ3・1時間、2・2時間、3・2時間と日本の約2〜3倍となっており[*19]、男性が家事育児タスクを担うことで女性に社会や会社で活躍する余裕が生まれていると考えられます。たとえば保育園への朝の送り担当、夕方のお迎え担当をどちらか一方でも、週に1、2回でも男性がするだけで、女性がフルタイムで働き続けられる可能性は飛躍的に高まります。家庭内で考える具体的な戦略は、第6章で紹介します。

事例5「女性は管理職になりたがらない」

青木雄一＝大手WEBサービス企業の管理部長
宮脇萌＝結婚間近の管理部広報課社員

実力も実績もあるのに昇進をためらう女性社員【A面】

青木雄一がまとめる管理部の広報課では、新聞・雑誌・テレビといったメディアを活用した自社のPR、社長や社員が取材を受けるときの準備や対応、プレスリリースの手配といった社外向け広報から、会社としての考え方や経営情報を社員全員が共有するための社内報づくりなどを担っている。

現広報課長の昇進に伴い、青木部長は、次の広報課長として宮脇萌を抜擢したいと考えた。萌は日々の業務を積極的かつ的確にこなし、後輩からも慕われているからだ。人事部の内々の承認も得られたため、青木部長は萌を呼び出し「次の広報課長として君を推そうと思う」と告げた。しかし、萌の反応は、喜ぶどころか真っ青な顔でうつむいている。「まさか昇進が嫌なのか?」と尋ねると、萌は震える声で「少し考えさせてください」と答えた。部屋を出る萌を見送った後、「女性は管理職になりたがらないとは聞いていたけれど、まさか彼女が……」と青木は思わずつぶやいた。

結婚後の働き方に悩み昇進をためらう女性社員【B面】

萌は入社8年、株主総会前など忙しい時期には毎日終電になることもあるが、会社の情報発信を担う業務にやりがいを感じて働いていた。プライベートでは、友人を介して昨年知り合った男性と結婚することが決まった。結婚後も当然仕事を続けるつもりだが、年齢的にそろそろこどもも考えたいと思っていた。会社の育休制度は整っているものの、実際に使う人はまだ少ない。萌の部署には育児中の女性はいないが、他部署の友人を見ると、出産後は時短勤務をとるなどキャリアの前線からは退いているようだ。課長や部長は家事育児を専業主婦の妻に任せっぱなしで連日遅くまで残っており、女性管理職はこどもがいない人ばかりだ。萌の夫となる人は出張が多く、お互いの実家は遠いので、こどもを持つならキャリアアップは諦めなくてはならないだろうと考えていた。

そんなタイミングで青木部長から、課長への昇進話が舞い込んだ。結婚しこどもができて働き方がどう変わるかも分からない状況では、嬉しさよりも不安のほうが強かった。責任を持ってやりきることができないのであれば、最初から断るべきではないかと萌は考えた。

---

†解説：「管理職になりたくない」の本当の意味

女性は管理職になりたがらないという声はよく聞きますが、それは多くの場合、**「現状では管理職をやれる自信がない」という意味であることが多い**です。**日本の管理職の多くは長時間労働になっており、結果的に長時間働かないと管理職になれない、なっても評価されないというメッセージを後進に送っています。**そのため、今後のライフステージの変化と仕事を両立できる気がしない、育児をしながら業務責任を全うできないと思ってしまう後輩は、昇進に消極的になります。

必ずしも仕事に対するモチベーションが低いから断っているわけではありません。事例4で説明した「効力予期」の問題なので、解決策はそちらをご参照ください。知識・技術を習得することが管理職への意欲の向上につながることも分かっています。[20]

青木部長にしてみれば、現在結婚も妊娠もしていない萌が出産後のことを考えて断っているということは意外かもしれません。しかし萌の立場では、結婚や出産でいつか辞めざるを得ないかもしれないという不安材料がある状態では、より多くの責任を受け入れようという気持ちにはなりにくいのです。

そして女性が昇進に前向きではないのには、もう一つ原因があります。それは、同僚や部下・後輩からの評価です。**管理職としてのリーダーシップは一般的に男性的な行動が期待され評価もされる**のですが、この男性的な「俺についてこい」型のリーダーに女性は憧れませんし、女性が男性的なリーダーになったとしても周りからは評価されません。**どうせ評価されないのなら最初からやりたくない**という、事例3で説明した「結果予期」の問題です。

これに関しては、新しいリーダー像を見せることが重要です。つまり「皆を引っ張る男らしいリーダー」にはならなくてもいい、あなたはあなたらしいリーダーになればいい、ということを納得させるのです。

もし管理職のイメージが「完璧でなくとも自分らしく成果を出して、周りに感謝されて、

さっさと帰ってプライベートの時間も持てる」というものになれば、女性の管理職の志願者は飛躍的に増えることでしょう。

そもそも長く仕事を続けるつもりであれば、女性にとっても管理職に昇進したほうが合理的だと言えます。プレイヤーは労働時間やチームメンバーの選択権を持てませんが、管理職であれば自分で決定できる範囲が大きくなります。後輩の部下になるということも起こりません。責任への対価である報酬も増えます。

また、管理職になるということは、組織の意思決定側になるということなので、自分のやりたい仕事を選べるようになり、自分や後輩が働きやすい職場づくりに貢献できるという非金銭的な報酬もついてきます。

子育て中だから責任を負えないという考え方もありますが、こどもとの時間を割いて働いているからこそ、よりインパクトのある仕事に従事してみるという考え方もあるでしょう。

✝ミスコミュニケーションの病巣はどこにあるのか

さて5つの事例を通じて、職場における女性の不安や女性への不満を紹介してきました。

皆さんの会社でも少なからず当てはまる問題があるのではないでしょうか。

ここまで読んでお分かりいただけたと思いますが、女性側または管理職側のどちらか一方が悪いという話ではありません。どちらも、よかれと思ってやっていることが裏目に出ているだけなのです。いったい、どうしてこのような不毛なことが起こるのでしょうか？

その原因は、何度も繰り返しになりますが、ミスコミュニケーションです。管理職側は女性個人の、女性側は管理職の立場や目線を理解せず、自分の価値観で判断していることで、こうしたミスコミュニケーションが起こるのです。

これまで職場や会社組織は、分業することで作業効率を高めてきました。職場にいる全ての人が、独身または家事育児を任せられる専業主婦がいる男性ばかりの時代、つまり組織の同質性が高かった時代は、お互いのことを細かく開示しなくてもなんとなく相手の考えていることが分かるので、ミスコミュニケーションは発生しにくかったでしょう。業務の内容も今ほど複雑ではなくIT化も進んでいなかったので、同じ職場にいれば互いの状況がなんとなく把握できました。そうした時代は、分業による弊害はそもそも起こりにくかったのです。

†組織の多様化と管理職の課題

職場で働く人の多様性が高まってきたため、わざわざ開示しなければお互いの状況が分からないということも増えてきました。**より多様化・高度化した業務を、より多様な人材でこなしていくことは、同質性が高い職場のマネジメントより圧倒的に難しくなります。**

誤解を恐れずに言うと、業務がシンプルで同質性が高い組織であれば管理職のマネジメント能力が低くてもあまり問題が起こりませんでした。職場の多様性が高まった現在は、管理職のマネジメント能力の低さが露呈しやすくなった時代なのです。

組織のメンバーの多様性が高まると、一時的にコミュニケーションの手間は増えます。それぞれが背負っている文脈や文化が異なるため、同質性の高い組織で可能だった「阿吽《あうん》の呼吸」は通じなくなります。モチベーションを感じる要因も十人十色になり、個別具体的な管理が必要となるでしょう。そのため、同質性の高い組織よりもどうしても管理が難しくなります。

多様なメンバーを受け入れるということは、組織に多様なスキルや知識を蓄えることとイコールでもあります。一時的に管理の手間は増えたとしても、こうした多様性をうまく受け入れる職場管理を確立すれば、コミュニケーションの手間は徐々に減っていきます。

†生き残れる組織とは

本章で指摘してきた問題は、同質性が高い組織を前提にした職場マネジメントの機能不全です。これらは構造上の問題であるにもかかわらず、「自分が悪い」「相手（女性個人または管理職）が悪い」と原因を個人に求める人が少なくありません。構造自体が問題であるときに、個人を責めることは何の解決策にもなりません。ミスコミュニケーションを生む職場や社会の構造そのものを、解決せねばならないのです。

この構造を変えるためには、**個人側の努力と、組織側の努力の両方が必要です。**双方が対立するのではなく、お互いに少しずつ歩み寄ることで、問題となる構造を変えていくことができます。そして歩み寄るにあたってのカギが、共通の軸となるマネジメント思考です。

個人は、時間的制約の中でも業務責任を果たせるような働き方に転換することでプライベートを犠牲にすることなく仕事が続けられます。会社目線で優先順位をつけたり、コミュニケーションをしたりするのが、マネジメント思考の知識です。

組織側、すなわち管理職側は、組織の多様性を活かせるような職場マネジメントに転換することで、人材不足を解決し、競争優位性を確立することができます。多様なスキルと知識は組織の競争力につながりますので、多様性を受け入れて活用できる職場を実現することは、組織の継続的な発展につながるのです。

経営学の世界では、変化する環境の中で生き残ることができるのは、「メンバーが優秀な組織」ではなく、「環境の変化に適応できる組織」であるという考え方をします。

皆さんの会社が生き残るかどうかは、皆さん自身が変化に適応できるかどうかにかかっています。

第２章
「女性の敵は女性」問題

†増える女性間ミスコミュニケーション

前章では男性管理職と女性部下の間で起こりやすい誤解を解説してきました。

とはいえ、女性と女性の間でもミスコミュニケーションは発生します。女性の生き方も多様になっており、「女同士だから分かりあえるでしょ」が通用しない場面が多くなってきているのです。本章では、職場で発生しやすい女性間の問題について解説していきます。

†「やっぱり女性はダメだ」――認知バイアスと統計的差別

「やっぱり女性は……」というセリフを口にしたり、耳にしたりすることは珍しくありません。それは本当に「女性の」問題なのでしょうか？

例えば、女性の知事や経営者は全体から見るとまだまだ数が少ないのですが、何か問題があったときにすぐ「これだから女性知事はダメだ」「これだから女性経営者はダメだ」という批判をされがちです。これが男性になると、「A知事はダメだ」「B経営者はダメだ」という個人への批判になりますが、「やっぱり男性知事はダメだな」という性別をからめた批判にはなりません。そもそも「女性経営者」と呼ばれる人は存在しますが、「男性経営者」という呼ばれ方をする経営者を私は知りません。

　こうした自分の利害や目立ちやすい特徴に引きずられ、評価が歪《ゆが》められることを「認知バイアス」と言います。女性がマイノリティの職場では、女性が失敗したときに「女性であること」が必要以上にフォーカスされることがあり、それが女性の意欲をそぐという構造になっています。

　例えば、育休復帰後で時短勤務中の女性が、勤務態度がおろそかになる、業務に対する責任感を感じさせない仕事の仕方をするなどは、その人個人の問題で、女性全般の問題ではないはずです。しかし、**女性や母親という目立った特徴があることで、「こどもを産んだ女性は仕事への意欲が低くなる」と一般化されて批判される傾向があります。**

　そうした周りの批判を耳にした後輩女性は、「私も女性だからきっとダメなんだ」と自分への評価を下げ、リーダーや管理職へ立候補する気持ちを失っていきます。職場のマジョリティである男性の先輩がミスをした場合、「Aくんはダメだね」という評価にはなりますが、「やっぱり男性はダメだ」と言われることはありません。

　こうした職場環境では、自信のある男性と、自己評価の低い女性が育ちやすく、それを見た上司は、「やっぱり女性はダメだなあ」というイメージを強め、仕事上の大きなチャンスを男性に与えるようになっていきます。そしてチャンスを与えられない女性は成長が遅れ、それを見た上司は、「やっぱり女性は」という気持ちをさらに強め……という負のスパイラルになっていきます。

このように過去の統計から労働者の業績と性別・年齢・学歴などの属性との関係について平均的な傾向をつかみ、それによってより業績のいい属性を持つ労働者を厚遇しようとする行動のことを「統計的差別」と呼びます。

認知バイアスが結果として統計的差別につながり、さらにバイアスを強化させていくというスパイラルに乗ってしまうと、活躍しない女性を量産する職場になっていきます。

統計的差別は性差別ではありませんので、一度その認識を覆すような経験（具体的には意欲のある女性や活躍する女性を目の当たりにするなど）をすれば、考えが変わることは十分にあり得ます。「女性は……」といった安直な一般化を避け、目の前の人材をフラットに評価するよう心掛けることで認知バイアスも回避できます。「これだから女性はダメだ」という批判を耳にしても、それは本当に「女性の」問題なのか？　個人要因ではないのか？　をまず考えるようにしましょう。

†後輩たちを歯がゆく思う「均等法世代」

女性同士のミスコミュニケーションの一つのケースに、世代間のものがあります。**40代から50代の管理職世代の女性と、女性部下とのミスコミュニケーション**です。

管理職世代で職場に残っている女性たちは、仕事を続けるためには相当な努力を強いられてきました。**彼女たちにとって、若い女性たちが当然のように長い育休をとったり、時短でも評価はしてほしいと主張したりする姿は、働く覚悟が甘いように映ります。**

この話をするには、女性の社会進出を支援する制度の歴史を振り返らなくてはなりません。嚆矢《こうし》は、1986年に施行された男女雇用機会均等法（以下均等法）です。均等法は労働者や求職者を性別によって差別することを禁じたもので、女性も仕事上で男性と同じチャンスを与えられたという意味では画期的でしたが、これは家事育児を任せることができる専業主婦のパートナーを持つ男性と同等に働くことを前提としたものでした。

必然的に、仕事を続ける以上は実家を頼ったり夫の親と同居するなど、フルバックアップ態勢を構築することが必要になりますし、頼れる実家がない女性は家庭やこどもを持つことを諦めざるを得なかった時代でもあります。

例えば均等法の恩恵を受けて一部上場企業に１９８６年から１９９０年に総合職として採用された世代（以下「均等法世代」と呼びます）を対象に２００４年に実施した調査を見ると、回答者の女性の91人中、未婚者は38人（41・8％）、こどもがいない人は64人（70・3％）に上っており、[21]仕事を続けるために結婚や出産をしなかった人が多かったことが窺えます。

そんな中こどもを産んで働き続けた人たちは、相当の覚悟があったと思われますし、働く女性の環境はこうした人々のおかげで整ってきたというのはまぎれもない事実です。育児を任せるために親に近くに引っ越してもらったり、そのような対策をしておくことでこどもが熱を出しても当然のように仕事を優先したりというやり方で働いてきたのです。

ただ、均等法世代並みのハードワークや覚悟を前提とすると、多くの人は働き続けられません。女性の就業継続率を上げるためには、もっと裾野を広げる、ハードワークをする覚悟がない人でも容易に両立できるような環境をつくっていく必要があります。

†「育休制度」で働く女性の裾野が広がる

その後、１９９９年の男女共同参画社会基本法の施行、均等法の改正や労働基準法の改正による女性の深夜労働・残業の制限撤廃、さらに2001年には、育児・介護休業制度（以下、育休制度）の改正など徐々に整ってきています。

こうした制度の充実の恩恵を受けているのが、2001年以降に入社した世代です。この「育休世代」[*22]は、育児とキャリアの両立支援に関する制度面での充実が図られたことで、**出産しても育休制度を使って復帰してくる率が均等法世代の39・3％から53・1％と確実に増えてきています**[*23]。

出産を経て働く層の裾野が広がったことで、結果として相対的に覚悟の甘い層も含まれるようになりました。これは、適切な方向に社会が変わってきているからこその新たな課題ともいえるでしょう。

制度が整っていれば安泰かといえば、そうでもありません。制度は整ったものの、両立しながら働くための職場の組織文化や評価のしくみは過渡期ですので、この世代ではいったんは復帰したものの働きにくさを感じて辞めてしまう、あるいは仕事を続けるために2人目の出産を諦める、という現象が起きています。

「先輩みたいになりたくないのです」――女性を悩ませる二重の偏見

均等法世代のバリキャリの先輩がいても、その下の後輩世代は憧れない例もあります。実家のフルバックアップ、ベビーシッターや病児保育施設、家事代行など使えるものは全て使って管理職をしている先輩に、「あそこまでは無理」という抵抗感を抱いてしまうのです。**男性と肩を並べてバリバリ働いている先輩が「スーパーウーマン」に見えてしまい、そこまで優秀ではない自分は真似ができないと感じる傾向もあります。**

そもそもリーダーポジションを担う女性特有の課題として、女性リーダーは常に男性より低評価となる「二重の偏見」という現象があります。多くの人は無意識に、リーダーポジションを担う人材には「力強く男性的な行動」を期待します。「力強く男性的な行動」を担うリーダーを高く評価しますが、そうでないリーダーを低く評価する傾向があります。しかし、この男性的なリーダー行動を女性が行うと、全く同じ行動であるにもかかわらず周りからの評価が低くなるのです。[*24]

例えば、ある難しい意思決定を行うために周りの反対を押し切るというリーダーの行動を、男性がとった場合は「決断力がある」という評価になるのに対し、同じことを女性がやると「強引だ」「周りを顧みない」という評価になってしまうのです。とは言え、もしこうした行動をしなければ、「リーダーのくせに決断力がない」という低い評価になります。女性リーダーは、男性リーダーに求められる資質だけでなく、優しく協調的であるという女性らしさも同時に求められ、その2つの相反する期待を同時に満たさなければ周りから評価されません。[*25]

女性リーダーは、男性リーダーと同じ量の仕事をしているにもかかわらず低評価に甘んじるか、認められるために男性リーダーの二倍の努力をするかの選択を迫られるのです。

均等法世代のバリキャリ先輩は、認められるために男性の二倍の努力をしている人が多く、彼女たちが道を切り開いてくれたおかげで、下の世代の女性が当たり前のようにキャリアアップを考えられる社会になっているのは紛れもない事実です。しかし、残念なことに、優しく協調的という女性のイメージに合わないというだけで、下の世代から低い評価をされがちです。

このようにリーダーというポジションが憧れる存在ではない以上、必然的にそこを積極的に目指す女性は増えないでしょう。自分の行動が周りに評価されないと思うと、人は行動を起こす気にはならないことは、先に述べた通りです（結果予期）。

女性リーダーを増やすためには、既存の男性型リーダー像に依存しない新しいリーダー像を提示し、「これなら自分にも目指せるかもしれない」と思わせることが重要です。ロールモデルを提示する場合は種類も数もなるべくたくさんの事例を見せるべきです。多様なサンプルを都合のいいように切り貼りして、自分の目指す姿を創り上げられるからです。

†「こどもがいると早く帰れていいですよね」――不公平感とモチベーション

こどもがいると、夕方や土日に働きにくいのは事実です。しかし、「こどもがいるから、残業できません」「こどもがいるから、土日のシフトに入れません」「こどもが熱を出したので、今日は休みます」といった要求だけを優先すると、他の社員の不公平感が募っていきますし、ひいては個人を批判するようになっていきます。

こどもがいない人たちにも、プライベートがあります。親の介護をしている人もいるでしょうし、友達と飲みに行きたい人もいるでしょう。働きやすさへの配慮をするならば、こどもがいるなど特定の属性の人だけではなく、全ての人が恩恵を受けるように采配をすることが必要です。**どうしても特定の部下に負担が偏ってしまう場合は、当事者を含め組織全体でその負荷の偏りを可視化することが必要です。**こうした対策をしないでいると、不公平感を募らせた人が退職してしまう事態にもなることがあります。

こどもがいる女性にしても、残業や休日出勤を一切断るのではなく、夫やベビーシッターを頼ることで時々は出勤できる態勢を作っておくことで、任せられる領域が増えるため成長に必要な経験を逃さずにすみます。

マネジメント思考で、こうした事象を整理してみましょう。モチベーション（動機づけ）の理論の中に、「公平理論」というものがあります。[*26] 自分が仕事に投下した労力（インプット）と対価としての報酬（アウトプット）、他人のインプットとアウトプットと比較して、その内容で公平、不公平を判断して動機づけられるというものです。

自分のアウトプットが仮にある程度大きくとも、他人が自分より小さなインプットで大きなアウトプットを得ていると感じると、不公平感を持ってモチベーションを下げてしまいます。例えば、**「こども」を理由に勤務時間が短くなる育児中の社員と、それを毎回フォローさせられる社員との間で報酬に差がなければ、後者は当然不公平感を持ちます。**

ただ、そもそもインプットとアウトプットは他者がそれほど正確に把握できるものではありません。管理職が職場の不公平感を募らせないよう、先ほど述べた組織全体で負荷の偏りを可視化して評価するなどするとよいでしょう。

「Ａさんが帰ったので状況が分かりません」──属人性の高い職場と抱えこむ個人

育児中の人は、早く帰るなど職場を不在にする時間が増える傾向があります。そもそも日本の多くの職場では、いつも職場にいることが評価される傾向がありますので、不在にしているというだけでも忠誠心が弱いとみなされ、さらに業務が滞ったりしたら周りは不満を抱えますし、その矛先は不在の個人に向かいます。

とはいえ、他の人も怪我や病気、あるいは交通事情で不在にせざるを得ないケースもあるはずです。業務フローが個人に依存した状態というのは、組織としてはリスクが高いとも言えるでしょう。

育児中などで、不在が多いメンバーの存在は、そうした組織の本質的な問題を浮き彫りにするきっかけになることがあります。もしそうなったら、誰が抜けても業務が滞らず、周りの人が互いにフォローしやすい業務の仕組みを考える必要があります。例えば、情報共有の方法を改善したり、フォローした人が評価されるような仕組みを作ったりすることもできるでしょう。

一方で、育児中の社員の側にも改善するべきところがあります。**タスクを抱え込む傾向**

があるメンバーがいると、**組織全体の生産性が低下します。**抱え込むといっても無責任なわけではなく、むしろ責任感の強さから周りに迷惑をかけないようにしよう、なるべく自分が頑張ることでなんとかしようとしているケースが多いと考えられます。それでも、これが意図せず抱え込みとなってしまい、不在時に引継ぎがしにくい状態を作り出してしまいます。**早く帰ることで周りに迷惑をかけることを反省するより、不在時に引継ぎしにくい仕事のやり方をしていることを本来は反省すべきです。**

†重要なのは組織全体を見る視点

例えば、エン・ジャパン社が発表した「ワーキングマザーに関する意識調査[*27]」は非常に面白い現象をあぶりだしています。管理職経験者が「ワーキングマザーが部下の場合、本人に求めたいこと」の第1位は「時間内での生産性アップ」(70%)なのですが、第2位が「業務を抱え込まない」(59%)です。

同じ調査でワーキングマザー当人に尋ねた「仕事や周囲とのコミュニケーションで意識していること」では、第1位「時間内での生産性アップ」(88%)こそ同じですが、「業務を抱え込まない」は第4位(42%)となっており、「周囲の社員への配慮」(79%)や「各職位に準じた業務遂行」（46％）がより意識されていることが分かります。

管理職としては「業務は組織でやっているのだから、勤務時間内での生産性を上げるとしても、出来ない部分は周りに任せることで業務が滞らないようにしてほしい」と考えているのに対し、ワーキングマザー本人は「自分の業務効率が悪いことで、しわ寄せが周りにいかないようにしなければ」と考えて周囲への感情的なケアを重視し過ぎているのではないか、その結果抱え込み傾向があるのではないか、という仮説が浮かび上がります。

また同調査での「周囲の社員への配慮」に関しても若干のずれがあり、時短勤務者の業務を代行対応したことがある社員にフォロー業務を快くこなすために必要なものを尋ねた設問（複数回答）では、第1位こそ「ワーキングマザー本人からの感謝の言葉や態度」（56％）ですが、第2位は「自分にかかっている業務負荷の可視化（周囲からの理解）」（50％）、第3位は「インセンティブは不要」（49％）となっていました。

第1位は人として当たり前のことであるとしても、第2位は、ワーキングマザー本人がどうこうできる問題というより、管理職が扱うべき問題です。管理職は職場内にフォロー業務が発生していることをちゃんと把握して、フォロー者の評価を上げるなり他の負荷を軽減してあげるなりして調整しましょう。

†カギは、管理職

本章では、職場で発生しやすい異なる立場の女性間で生まれる誤解とその原因について見てきました。これらの問題は個人と組織のどちらか一方が悪いのではなく、社会の変化が原因で起こっているものです。

これまでは「女性」と一括りにして捉えられていたものが、多様化が進んでもはや一まとめにできなくなっているにもかかわらず、未だ「女性」という一括りの問題にされていることに無理があるということです。その問題を解決するために、管理職側と女性当事者側でできることを最後に言い添えたいと思います。

前章で見た通り、**職場の多様な働き方を許容できるかどうかは管理職の管理能力に依存します**。高い管理能力は各人の負荷が大きすぎない業務体制を実現し、従業員のメンタルヘルス改善にもつながります。

まず、管理職になれば自然に管理能力が身につくという考えを捨て、会社としても本人としても、管理能力を育成するための取り組みが必要です。例えば、日々の業務経験を通じて学んでいくという意識を持つだけでも変わります。特に「変革への参加経験」「部門の連携経験」「部下の育成経験」といった業務経験はマネジャーとして必要な能力を獲得することにつながりますので、積極的に積み重ねるとよいでしょう。ただし、定期的に経験を振り返り、学びを抽出するリフレクション（内省）の時間を持ってこそ経験が成長につながります。振り返る時間、考える時間をしっかりと確保しましょう。

また、社内外の教育機会を利用することも必要でしょう。例えば、私が卒業した慶應ビジネススクールでは、他者の経験が描かれたケース教材を使って学ぶ「ケースメソッド教育」を採用しています。適切な内容で適度な難易度の経験が、適切なタイミングでもたらされるというのは非常に稀ですが、ケースメソッド教育による研修は、現場経験を補完してくれます。[*28]

†ワーキングマザー側も歩み寄りを

女性当事者の立場でできることとしては、**限られた時間の中で成果責任を果たすために、仕事に活かせる知識やスキルを習得しましょう。**

評価とは本来成果責任に応じて与えられるものであり、労働時間に対するものではありません。時短かフルタイムかにかかわらず、自らが持つ制約の中でどのように動けば果たすべき責任を全うできるのかを考えながら働くべきですが、これができている人は多くはありません。

より効率的に会社が求める成果を出せるような知識やスキルの習得に投資しましょう。周りの力をうまく活かして責任を果たしていく能力は、家庭でも職場でも役に立ちます。加えて、**業務の成果責任を全うするためには、育児にまつわるタスクを全て家庭内で抱え込むのではなく、公的・民間の育児資源（例えばベビーシッターや病児保育サービス）をうまく使うことも必要です。**特に病児欠勤をはじめとするリスク対策は、備えておくことでいざというときにも何とかなるという自信（効力予期）を持てるため、責任やタスクに対する積極性に影響します。ぜひ、本書の第6章も参考にしてみて下さい。

働きがいを会社が提供してくれるのを待つだけでなく、自分でつかみ取るくらいの意識でもいいのではないでしょうか。

第３章
時短トラップにハマる女性たち

†働く女性の格差

さて、これまで女性のいる職場で発生する様々な問題を見てきました。残念なことに、職場で女性と管理職あるいは女性と女性の対立関係があったり、働く女性の間でも格差が生まれていたりするのは事実です。そして格差は、今後確実に大きくなる方向にあります。一方で、こうした格差は誰かが意地悪をして生まれているというものではなく、社会の変化に会社の制度や社員の意識が追い付いていなかったり、組織内でミスコミュニケーションがあったりしたことで生まれたものです。

本章では、育児中の社員ならではの問題として、「時短制度の功罪」と「マミートラック」に切り込んでみたいと思います。

†実は課題の多い時短制度

多くの女性は、出産後に復職する際に短時間勤務制度（時短制度）を利用します。この制度は3歳に満たない子を養育する労働者を対象に通常より短時間の勤務を認めるもので、定時より早い時間に退社ができます。2014年の調査によれば、30人以上の事業所の

81・7%が導入しており、こどもが1歳の正規雇用継続者の3割が利用していると言われています。[29] 現在は、もっと増えていることでしょう。

一見、こどもを育てながら働く女性に優しい制度のように見えますが、この制度には落とし穴が存在します。それは、時短制度利用者とフルタイム勤務者との業務配分と評価、どのように業務のフォローをするのか、労働時間の違う従業員がいるときの情報共有の方法など、管理上のノウハウがまだ確立されていないということです。また、早く帰る〝時短者〟に対して、感情的に快く思わない同僚も少なくありません。

その結果、管理職は欠勤リスクを恐れ、誰がやってもあたりさわりがない業務、責任範囲の小さい業務を時短制度利用者に割り当てる傾向があります。**時短利用者は、一般的には昇進や昇給、さらにはキャリアアップのための教育対象から外れてしまうこともあります。両立はできるものの昇進ややりがいとは縁遠いキャリアコースを「マミートラック」と呼びます。これは決して嫌がらせではなく、会社側の配慮の結果である場合も少なくな**いのですが、マミートラックの業務はやりがいに乏しいだけではなく能力開発につながらないものであることが多いため、それ以降のキャリア形成が難しくなります。[30]

そして適切な業務経験を積めず、成長機会を失い続けて数年経ってしまうと、もはやキャリアアップは望めなくなります。つまり、いったんマミートラックに乗ってしまうと、本人は一時的なつもりでも、成長に必要な業務経験を逃し続けたまま年齢を重ね、元のキャリアトラックに戻れなくなるのです。

†「なんとなく時短」でマミートラックへ

なんとなく時短制度を利用した結果、意図せずマミートラックに乗ってしまうことを「時短トラップ」[*31]と呼ぶこともあります。**子育て中はゆるく働きたいという気持ちは分かるのですが、いったん「ゆるく」してしまうと「戻れない片道切符」の場合があるということは、分かっていたほうが良いでしょう。**

時短勤務にすることで、働く時間が減るぶん収入も減り、出産前のほぼ半額、下手すると新入社員並みに減るケースもあるほどです。**給料が減るだけでもモチベーションは下がりますが、さらにやりがいもないとなれば仕事に対する意欲を失うのは当たり前**と言えるでしょう。

厚生労働省のある調査では、育休から復帰して短時間勤務制度を利用している女性正社員個人が「時には残業したいが出来ない」（35・1%）、「昇進・昇格が遅れる」（33・1%）、

「時間は減らしても仕事内容・量が変わらない」（28・4％）、「仕事内容・量に対して評価が低い」（27・9％）といった不満を多く持っていることが分かっています。[*32]

なぜ挑戦的な業務が大事なのか

時短トラップにはまらないために、私は育児中でも出来る限り時短制度は使わず、フルタイムで挑戦的な業務を続けていくことを提案しています。なぜ、育児中でも引き続き挑戦的な業務を手放さないほうが良いのでしょうか。

成人の能力開発の70％は、経験によってつくられると言われています。[*33] そのため、人材を育成するには、良質な経験を積ませること、とくに既存の知識や経験が通用しないタフな環境での経験を与えることが重要です。成長につながる適切な経験に恵まれるかどうかは、その人が過去にどのような経験をしてきたか、またどのような目標設定をしているかに大きく依存しますし、上司からの適切な支援も必要です。[*34]

そして**育児中の女性は、「過剰な配慮」によって、この育成のための支援を逃しやすい傾向があります。**ましてや**出産を機に時短制度を利用して「ゆるい働き方」に移行してしまったとみなされると、本人の実際の意向がどうであれ「成長につながる経験は欲していま**

せん」というメッセージを周りに送ることになります。そうすると、当然ながら上司は成長につながる業務経験の機会を他の人に提供しますし、その人の成長サポートにも時間を割かなくなります。

こうして、いったん成長につながる経験を逃してしまうと、そのまま戦力外人材としてカウントされ続け、結果的に適切な実践知やスキルを獲得できないままに年齢を重ねてしまいます。その状態で数年経った後に、こどもの手が離れたからといって仕事の前線に戻ることができると思いますか？　残念ながら、おそらく難しいでしょう。

つまり生涯にわたって仕事を続けたいのであれば、「いつか」ではなく「いま」頑張って成長機会を欲しているということを周りにアピールすべきなのです。そのメッセージを送るための一番分かりやすい方法が「フルタイムで元の職場に戻る」という方法です。もし、時短制度など「ゆるい働き方を求めている」というメッセージを送りがちなポジションを利用せざるを得ないのであれば、「自分は仕事を通じてこれからも成長したいと思っている」という意思表示をしっかりと行いましょう。

ゆるく働くことを選択すること自体は個人の自由だと思いますが、ゆるい働き方にまつわるリスクを把握せずに選択してしまい、後から「こんなはずじゃなかった……」とならないように気をつけてください。

✝離職で失う生涯年収は2億円

ところで、そもそも女性にとって仕事を続けることのメリットは何でしょうか。社会全体としては経済発展や女性活躍という大義名分がありますが、個人としてはそうした理由はピンとこないかもしれません。ここでは女性目線で、仕事を続けることの価値を説明してみたいと思います。

1つ目の価値は、生涯年収です。残念ながら現在の日本の社会では、結婚や出産でいったん離職してしまうと、正社員として再就職することは極めて難しくなっています。

ある調査では、結婚等で一度仕事を辞めた場合、再就職で年収300万円以上になる女性はわずか12%、400万円以上となるとたったの5・6%で、半数以上の女性の再就職は年収100万円前後となっています。*35 つまり「出産でいったん仕事を辞めて、子育てが落ち着いたころに再び就職する」という選択は、多くの場合、非正規雇用になることを意味します。

そして**大卒女子総合職が育児休業を取得することで、離職せずに定年まで38年間働き続**

けた場合の平均生涯賃金が約2・6億円であるのに対し、出産を機に退職してパートとして再就職した場合の生涯賃金は5000万円です。[*36]

いったん退職することで正社員という道が閉ざされ、結果的に2億円以上の生涯賃金の差が生まれるのです。将来のこどもの教育費などを考えると、「辞めない」ことが合理的だと思える差だと思いませんか？

さらに現在は3組に1組の夫婦が離婚するとも言われています。専業主婦で離婚した場合、再就職は前述の状況です。いざというときに備えて、女性も収入を維持したほうが賢明な備えといえるでしょう。

†「仕事を続けない」デメリットいろいろ

2つ目の価値は、仕事は「続ける」ほうが「再就職する」よりはるかに簡単だということです。辞めることで業務経験とそれにまつわる能力開発の機会を逃し、それ以降のキャリア形成が難しくなるというのはマミートラックのところで述べた通りです。

加えてもう一つの大きな問題は、働く場合のこどもの預け先の確保です。その代表的な選択肢は保育園ですが、都内をはじめとする保育園の激戦区でこどもを入園させる場合、ほぼ唯一のチャンスはこどもがゼロ歳で新年度のタイミングです。1歳児以上のクラスは下からの持ち上がりで定員が埋まってしまうため、新規の入園児のための枠がごくわずかであることが普通です。

よほど劇的な待機児童対策がなされない限り、現行の制度下では、こどもを保育園に入れるためには持ちあがりのないゼロ歳児クラスでの入園タイミングを狙うのが一番確実です。「1歳になるまでは自宅で見て、それから保育園に入れよう」と考えていると、ずっと入園できなくなる可能性が高いのです（注：ゼロ歳児クラスは、その年度の4月1日時点でゼロ歳のこどもが対象となります）。

親の就業を支援するための福祉サービスである保育所に入れるためには、親が就業状態であることも必須ですので、**「産前産後休業と育児休業を1年未満の期間で取得して、こどもが1歳になる前に保育園に入園させて復職する」という方法がもっとも実現性が高い**と言えます。

本来ならば親が入園や就業のタイミングを選べる社会であってほしいとは思いますが、現状は程遠いため、もし働きたいと考えているならば、離職は慎重に判断してほしいと思います。

女性も管理職になることの合理性

3つ目の価値は、仕事を続けることで昇進やキャリアアップが視野に入ってくるということです。先にも述べましたが、もしも長く仕事を続けるつもりならば、女性も管理職に昇進したほうが合理的かもしれません。

より多くの責任を負う管理職は非管理職より給与が多くなるのは当然で、大卒30〜50代の平均給与を管理職（課長以上）と非管理職で比較すると、月給にして11万〜25万円、ボーナスにして32万〜82万円の差があります[*37]。

また、管理職になるということは、組織の意思決定側になることでもあります。**自分や次世代、更には自分のこども世代の女性たちにとって働きやすい職場に変えていける立場になります。**

問題は「無限定性」を前提にした職場

先にも述べたように、時短制度の問題の一つに、時短利用者とフルタイム勤務者との業務配分や評価があります。働く人自身のモチベーション維持や組織への心証という点以外に、管理という点でも難しい側面があるのです。これは、日本独自の人事システムに理由があります。

日本の人事システムの特徴として、職能資格制度（能力主義）に基づいた仕事の3つの「無限定性」というものがあります。[*38]これは、平たく言うと、職務内容・勤務地・労働時間の無限定性を受け入れる、すなわち働く内容・場所・時間については会社の言う通りにすることと引き換えに、企業は比較的高い賃金と長期雇用を保障する正社員という雇用条件を提供します、という企業と労働者の暗黙の契約です。

ただし、これは家事育児を専業主婦の妻に全て任せることができる男性はともかく、自分で子育てもやりながら働こうとする女性にはフィットしません。女性に限らず、深夜残業、急な転勤など、子育てをしながら働く従業員にはほぼ不可能です。

さらに、これまでの両立支援施策と税・社会保障制度は、女性をこうした従来の男性の働き方に近づける方向で整備されてきました。[*39]女性に深夜残業を認める制度や、女性の収入に実質的な上限を設ける配偶者手当制度などは、結果的に女性にこどもか仕事かの二者択一を迫ってきました。

†非正規社員との軋轢

同時に、こうした正社員に手厚い人事制度は、正社員の採用コストを飛躍的に上げたため、より低コストで流動的に人材を活用したいと考えた企業は、非正規社員への依存度を高めてきています。

業務内容的に正社員と変わらないにもかかわらず、低い賃金と不安定な雇用形態を課せられている非正規社員の不満はここで語るまでもないでしょう。そして、正社員が育休制度や時短制度といった制度の恩恵を受けている一方で、非正規社員は漏れています。具体的な制度の利用率を見てみましょう。

育休制度の導入前（1985〜89年）と導入後（2010〜14年）で、第1子出産前後の就業継続率を雇用形態ごとに見てみると、正社員に限っては就業を継続した人が40・7%から69・1%（うち育休制度利用者は59%）まで増加しています。[*40] 育児休業制度の恩恵を存分に受けていると言えるでしょう。

ところがパート・派遣の就業継続率は、23・7%から25・2%（うち育休制度利用者は10・6%）とほぼ変わっておらず、育休制度の導入後も7割以上が出産を機に退職しているのです。*41

この20年間で非正規社員の割合は増加しています。子育て中の正社員はこうした不満の矛先になりやすく、非正規社員への依存が大きく業務内容も正社員と差が少ない職場では、時短勤務者と非正規社員との軋轢《あつれき》が起きています。これは個人の問題ではなく人事制度上の構造問題なのです。

この問題を解決するためには、正社員・非正規社員という人事制度を改める必要があります。それにはかなりの手間と時間がかかるでしょう。また、汎用性の高い仕事は今後どんどんＡＩにアウトソースされていきますので、正社員だから安泰だという考えも正しくありません。

これからの社会では、雇用形態に関係なく、誰でも自分の業務の付加価値を明確にしておくべきでしょう。そもそも子育て中の社員以外が無制約だという前提がおかしいので、全ての社員が家庭と仕事を容易に両立するには、どういう働き方が最適なのかを考えなくてはなりません。この問いについては、第5章でも検討していきたいと思います。

†成果を出し続けるために必要なこと

子育て中の女性をはじめ、すべての社員がプライベートと仕事を幸せに両立できる働き方の実現のためには、いったいどうすればよいのでしょうか。企業そのものの変革も必要ではあるものの、ここでは働く女性側でできる自衛策について述べたいと思います。

時短制度を利用するかしないか以前に、まず評価とはあくまで成果責任に応じて与えられるものであることを理解しましょう。

「何時間働いたか」ではなく「手持ちの労働時間の中でどれほどの成果責任を果たしたか」が重要になり、これがフルタイムと遜色《そんしょく》がないものであれば（理論的には）正当に評価されます。

ときどき「時短勤務でも正当に評価してほしい」というフレーズを女性側から耳にしますが、結局**重要なのは成果責任の完遂なので、「八掛けの労働時間で八掛けの成果を出す」ではやはり評価も八掛けになり、「八掛けの労働時間で十割の成果を出す」ことでしか評価はされません。**

そんなの無理だと思いますか？　いえいえ、時間があるときの働き方には意外と無駄が多いものです。

強調したいのは、**作業をする時間だけではなく、作業をどのようにするかを考える時間を持つこと**です。やらなくてもいい仕事を見極めたり、優先順位を付けたり、作業をまとめたり、効率的に業務を進めるための時間を少しでも持つことで、作業をする時間そのものの生産性は飛躍的に上がります。

本来、時短勤務は福利厚生策ではありません。あくまでも、パフォーマンスを維持するためのセーフティネットです。企業は社員のパフォーマンスを下げないために、働きやすさを確保するのであって、時短勤務によってパフォーマンスが八掛けになるというのは本来の目的から外れてしまいます。

一見冷たく聞こえますが、逆に言えば「パフォーマンスさえ下がらないならば、働きやすい環境を整える動機が企業側にある」ということでもあります。企業は、給料以上の利益を会社にもたらす人材には冷たくありませんし、優秀な人材を確保し続けるためには多少のことはやってくれます。ですので、自分が会社にとってお得な存在であることを会社に納得させられればよいのです。

ただし自分目線ではなく、あくまで「会社目線」でのお得アピールが必要ですので、序章でも述べた「マネジメント思考」があるかどうかが重要になってきます。マネジメント思考がないお得アピールは、権利主張に受け止められがちなので気を付けてください。

問題解決力と交渉力を持とう

育休中に、より効率的に働くための知識や能力を習得したり、時には残業するために家庭内労働以外の育児資源（例えばベビーシッターや家事代行）を調達したりしておくことも効果的です（具体策は第6章で述べます）。

問題解決のための思考力があるとこうした対応を講じやすくなります。**仕事の多くは社内外のクライアントの問題を解決するための業務ですので、問題解決力を高めておくと、家庭でも仕事を続ける上でも武器になります。**

第1章でも触れたロジカル・シンキングとクリティカル・シンキングができると、異なる立場の人とのコミュニケーションがスムーズになりますし、会社目線での交渉ができるようになります。ぜひ、**「私にとってプラスだから」ではなく、「会社にとってプラスだから」というロジックで交渉をしてみてください。**

問題解決力を鍛えるという点では、経営学を学ぶことはおすすめです。私が専門とする経営学は、企業の業務や経営の現場で起きている問題解決のための知見の塊《かたまり》です。また、経営層が見ている視点を学ぶことで、上司やクライアントが気にするポイントを理解できます。相手が気にするポイントを理解すれば、どのような優先順位で問題を解決すべきかが分かりますので効率的に問題解決ができるようになります。

私が主宰する「育休プチMBA」勉強会では、経営学をベースにして経営者や管理職の目線を学びますが、「経営者の話の内容がよく理解できるようになった」「上司との関係がよくなった」という声が多く寄せられます（実例は終章で紹介します）。時間が限られているからこそ、知識という武器をぜひ身につけてください。

†時短でもマミートラックを回避するために

本章では、時短勤務制度を利用する際のデメリットを説明してきました。可能であれば時短勤務は利用しない、利用するにしても最短期間にしたほうがいいというのが私の考えですが、様々な理由でどうしても利用せざるを得ない人もいるかと思います。

最後に、もし時短制度を利用することになったとしてもマミートラックを回避するために気を付けるべきポイントを、私がこれまで見聞きした事例から紹介します。

まず頭に入れておかなくてはいけないのは、繰り返しになりますが、会社や上司にとって重要なのは「何時間働いたか」ではなく「手持ちの労働時間の中でどれほどの成果責任を果たしたか」に尽きるということです。

そして、時短勤務を利用するという行為は、本人にその気がなくても「成長につながる経験を私は欲していません」というメッセージを周りに送っている可能性が高いということも覚えておきましょう。

上司との間で「自分が果たすべき成果責任は何か」の確認と、「私は挑戦的な業務を手掛けたいと思っている」という意思表示が必要です。その上で、果たすべき成果責任を制限時間内でこなすために必要な支援や情報を相談しておきます。具体的には、いざというときのために在宅でも仕事ができる環境を整える、自分が退社後の業務をサポートする人を任命してもらう、などです。

なお在宅勤務制度は通勤時間が省けるという点では生産性向上になりますが、コミュニケーションをしっかりとしないと生産性を下げる可能性もあるため、効果的なコミュニケーションの方法もすり合わせておきましょう。

サポート人材も、ただサポートをするだけだとその人にとってのメリットがありません。

その人にとってメリットのあるような仕組みを考えるとよいでしょう。例えば新人をサポートにつけてもらえば、新人は業務を教えてもらえるし、同僚は新人の教育係をしてもらえて有難いので、皆が喜ぶ形になったりします。

†積極性とチームの意識を忘れない

実際の日々の業務については、前倒しで仕事を終わらせたり、自分で仕事を取りにいったりという積極的な姿勢が重要です。16時に帰るからといって、「15時までに依頼してもらわないとできません」という態度をとると、周りはしわ寄せを受けているように感じてしまいます。

それよりも自分で仕事を取りにいくことで、タスクのスケジューリングができるようにしましょう。こちらから期日やボリュームを確認に行けば、早めに情報を得ることができます。限られた時間内で完了させられる可能性も高まり、相手にも喜ばれます。

自分でやったほうが早い、という感覚を捨てることも重要です。評価とは、「頑張った」ことに対するものではなく「成果責任を果たした」ことに対するものです。責任さえ果たせば、誰がやってもいいのです。

個人で成果を出すだけでなく、部下や後輩を育成してチームとして成果を出すやり方に変更することで、時間の制約を克服することもできるでしょう。

あなたがやるべきことは、自分が手を動かすこと以上に、チームとしての状況を把握できるようマメな情報共有や、自分が急に不在にしてもメンバーが困らないような仕組みをつくることです。

仕事の計画や優先順位の付け方も工夫が必要です。早く帰ることで、なぜ周りが困るかというと、それで周りの人の業務が滞ったり、負担が増えたりするからです。それならば、**早く帰っても周りの人の業務が滞ったり、負担が増えたりしないような仕事の進め方を意識すればよい**のです。先に帰るけど別に困らないね、という状況になれば、堂々と「お先に失礼します」と言えることでしょう。

意外と大事なのは、業務に直結しないコミュニケーションの時間です。時短勤務をしていると同僚との接触時間が短い上、勤務時間内の密度が濃くなるため、雑談などの単なるコミュニケーションに時間を割くのが惜しくなります。

しかしコミュニケーション不足は、不信感につながり、不信感は徐々に各所に悪影響をもたらします。雑談は、トラブルの種の早期発見にもつながります。問題が起こってから火を消すのは大変ですが、火種を早期に発見できれば小さな労力で消火できます。**忙しいからこそ、コミュニケーションの時間は意識をして確保するようにしましょう。**

第４章
ぶら下がりワーキングマザー vs. 働きがい

†周りの士気を下げるぶら下がりワーキングマザー

組織側は女性に活躍してほしいと考えているのに、女性側に働く意欲を感じられないと話す人は少なくありません。

組織ではなく女性の側に問題がある、という指摘です。特にここ数年では、**出産後の女性が育休を経て復職するものの、就労意欲が低い状態で必要最低限の業務だけをこなす「ぶら下がり」化する現象**が問題になっています。

例えば、出産前は比較的意欲をもって働いていた女性が、育休から復帰した後は目に見えて仕事に対する意欲を失い、言われたことしかやらないようになったり、退社時間になると電話が鳴っていようが周りが忙しそうだろうが放置して帰ったり、こどもの病気を理由にした当日欠勤が多く業務に頻繁に穴をあけたり、退社間近の時間に仕事を依頼すると明らかに迷惑そうな顔をしたりする姿が見られるようです。

出産前からそういう行動をとっていれば個人の特性だといえますが、出産前は真面目で意欲もあった人が、復帰してみたらそうなったという事例に直面すると「女性はこどもを産むと変わる」と思いたくなるのもよく分かります。こういったワーキングマザーのぶら下がり化が、多くの会社で発生しているようです。

†ママに優しい職場でぶら下がり化が進む

とはいえ、世の中の女性活躍、イクメン、ワークライフバランス云々という風潮の中では、「ワーキングマザー（ファーザー）がぶら下がり化して困る」という不満はなかなか口にしにくいようです。

男女雇用機会均等法、育休制度、短時間勤務制度（時短）など、女性が育児をしながらでも仕事に取り組みやすい制度を整備しているのにぶら下がられては、職場の上司や同僚はたまったものではないというのが本音でしょう。こうした**ぶら下がりワーキングマザーは、「ママに優しい職場」を推進してきた企業に増えており**、裏切られた気持ちの方もいるかもしれません。特に、時短勤務者には多く発生しがちなようです。

育児と両立しやすい制度が整っていると思って入社したものの、実際は制度にぶら下がるママたちとその尻拭いをするその他の人々、という光景に面くらった若手社会人もいるかもしれません。どうして、こんなことが起こるのでしょうか？

†実は、ぶら下がっている方も不本意である

一方で、ぶら下がっているワーキングマザーも、「ぶら下がれてラッキーだ」と思っている人は意外といません。

周りの役に立てない、周りに迷惑がられているという事実は、人の自己肯定感を下げます。おそらく本人も今の状態でいいと思っているわけではないのですが、どうしたらここから脱却できるのか、そもそも脱却するやり方があるのかが分からなくて、思考停止に陥るか、「図太くなって罪悪感を持たないようにする」という方法で心を守っているのです。

社員によかれと思って制度を整備しているのに、誰も幸せになっていないというこの状況を招いている職場は少なくないようです。働きやすさだけを追求しているともれなく、このような状態に陥ってしまいます。

†働きやすさ重視の弊害

小さいこどもがいると、多くの家庭ではだいたい18～22時の時間帯に家事育児が集中します。そのため、独身時代は残業をいとわない働き方をしていた女性でも、育児を実家任

せにでもしない限り、この時間に自宅にいられるような働き方をせざるをえません。こどもは頻繁に熱を出すため、出勤日だったのに看病のために自宅にいなければならない日も出てきます。深夜や早朝、自宅での業務など柔軟な働き方ができればカバーできるのですが、そうでなければ、出産前と同じパフォーマンスを維持することは難しくなります。

仕事に割ける時間が短くなったことで、女性自身もこれまでと同じ業務を完遂できるかどうか不安を抱くようになり、積極的に責任を負わなくなっていきます。

管理職側も、子育てが大変だろうという配慮や、短い勤務時間や突発的な欠勤で業務が滞ることへの不安から、責任の少ない業務を女性にあてがいがちです。

仕事の楽しさを知っている女性ほど、こうしたやりがいもなく評価もされないという状況に直面した際に、自らの就労意欲を下方修正して適応しようとします。「働けないのではなく、働きたくないのだ」と自分の捉え方を変えて自分を納得させるわけですね。その結果として、離職するか、または必要最低限の業務だけをこなす「ぶら下がり」になっていきます。

これまでの両立支援施策は、育児中の従業員の業務負荷を軽くするという方向で行われてきました。ただし1人の業務負荷を下げたとしても、業務全体が減っているわけではな

い場合、当然その分の業務負荷は誰かが被ることになります。

こうしたぶら下がりも1人くらいなら現場の我慢でなんとかなりますが（それでも不満は溜まりますが）、2人、3人と増えていけば、当然ながら社内にどんどん不満が溜まって雰囲気が悪くなっていくことは避けられません。

資生堂インパクトという時代の分岐点

「女性が働きやすい」職場として、数々の先進的制度を取り入れてきた株式会社資生堂ですが、2013年に育児短時間勤務者にも遅番や休日勤務を課すという通達を全国の美容部員向けに出しました。美容部員が勤めるデパートや専門店は、平日の夕方や休日に来店者が増えるという特性があります。

それまで約1200人の育児短時間勤務者は、主に早番のシフトに入って17時には退出し、休日出勤も免除されるということが通例になっていましたが、この特権を撤廃したのです。遅番や休日勤務をするためには、その時間のこどもの預け先を確保しなくてはなりません。実家が近い従業員はともかく、核家族の従業員にとって青天の霹靂《へきれき》であったことは想像に難くありません。

2015年にNHKの朝のニュースでこの方針が取り上げられると、「女性の働きやすさを追求してきた資生堂が育児中の社員に残業を課すのか」と、社会にかなりの衝撃をもって受け止められ、「育児中の女性にひどい仕打ちだ」「資生堂は女性を敵に回した」と批判の声があがりました。

ところがこの施策は、先進的な意味を持っていました。**資生堂は、「女性にとって働きやすい」職場に留まらず、さらに一歩進んだ「女性にとって働きがいがある」職場へと舵《かじ》をきったのです。**

資生堂は、1990年に育児休業制度を、1991に育児時間（時短）制度を導入し、2003年に事業所内保育所を開設、と日本企業としてはかなり早い段階から両立支援制度を整えてきています。[*42] その結果、女性社員比率が83・4％、女性管理職比率が27・2％、結婚出産を理由とした女性の退職率が0・7％と、女性活躍の点では超先進企業となっています。

しかし手厚い両立支援制度を整えたことで制度を利用しながら働く人が増え、今度は時短スタッフの代替要員を配置するという施策をもってしても夜や週末といった繁忙期の現場が回らなくなってきました。**子育て中の女性社員以外への負荷が過度に集中する状態**ともなっており、職場に不公平感が蔓延していました。加えて、**時短勤務の美容部員が繁忙期の業務経験を逃すことで成長する機会を失い、キャリアアップに支障が出る**ことから、今回の措置となったようです。2014年4月の実施に向けては、背景や目的を説明するDVDを配布したり、個別に面談をしたりなど丁寧なプロセスを経ています。

それでも、多くの人が「女性の働きやすさを損なう施策である」と捉えました。この資生堂の判断は両立支援制度を前提とした活躍支援策であるということが、分からない人が多かったということです。我が国では、働きやすい職場環境すら整っていない企業がまだまだ多いという状況が明らかになりました。**働きやすさへの配慮の次に、「働きがい」という問題が出てくる**ことにまで、考えが及ばない人が大半だということです。

女性にとって「働きやすさも働きがいもある」職場づくりという観点で、この資生堂の判断は極めて合理的なのです。

†キャリア展望がないことで陥る局所最適思考

働く女性の状況を知るための代表的なデータは、女性のビジネスにおける活躍度を測るために使われる女性管理職比率です。そして、序章でも述べた通り、日本はこの数値が非常に低いのです。

管理職に女性がいないということは、その企業における女性にとってのキャリアが平社員止まりであるということを意味します。20代のうちはともかく、30代、40代になっても昇進も昇格もせず同じ仕事をするという働き方に、多くの女性が従事しているということになります。

全ての女性が管理職を目指すべきだとは言いませんが、**キャリアアップを視野に入れないことで生まれる弊害がある**と私は考えています。

キャリアアップを視野に入れないと、目の前の業務を全うすることに意識が集中し、組織の全体最適という視点を獲得できないために局所最適思考になってしまいがちです。**この業務は会社にとってどういう価値があるのか？　投下時間とのバランスはどうあるべきか？　ということを考えないため、効率の悪い仕事の仕方になる傾向があります。**

また、「いつか自分が担うかもしれないポジション」という目で上司や管理職層を眺めないため、上司が何を考えているか、何をやっているかを学習する機会を無意識にスルーしてしまいます。**会社は自分に何を期待しているのか？　どうすれば会社に評価されるのか？　等々の会社目線が抜け落ちるため、自分が思っているほどには会社側の評価が良く**

ない、という状況も招きやすいのです。そして、組織の便益より個人の便益を優先する権利主張型思考に陥りやすくなります。

つまり、女性が「ぶら下がり」「権利主張型」になるメカニズムは、思考トレーニング不足の結果なのです。「自分の権利ばかり主張するなあ」と感じる人も、じっくり話を聞くと、権利主張以外のコミュニケーション方法を知らないだけ、ということが少なくありません。

女性に昇進の機会を与えない職場は、権利主張型の女性を量産する職場になってしまうということです。自分の会社の管理職に女性がひとりもいなければ、自分がその立場になろうと考えなくなるのは自然なことでしょう。

ゆえに、たとえこどもがいるとしてもキャリアアップを視野に入れられる職場を用意することで、組織を円滑に回すことができるのです。なお、具体的には両立支援施策と育成支援施策を併せて実施し、女性の学習機会を担保することが重要です[*43]。

†思考転換のトレーニング

さて、身軽で時間に余裕があるときは、スキルやコミュニケーション能力の低さを長時

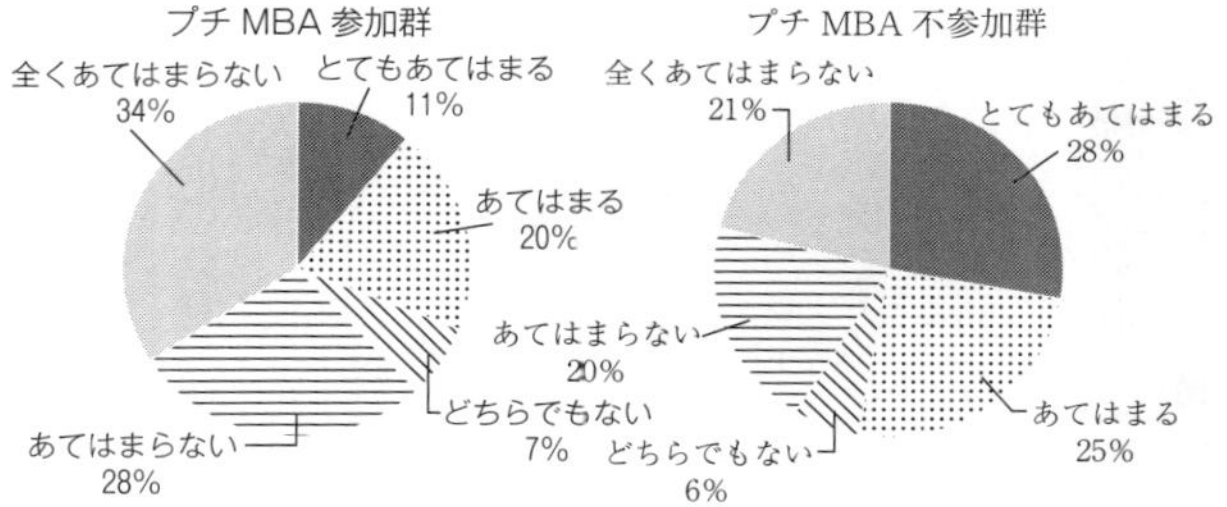

図４－１：復職後、退職を考えたことがあるか（育休プチ MBA アンケートより。2017年４月実施、参加群138・不参加群286）

間労働でカバーすることができるのですが、出産後に時間制約を抱えて働くことになるとこうした課題は一気に顕在化します。これは復職後に新たに発生した課題というより、自分が好きなだけ時間を投じることができていたころには顕在化しにくかった課題なのです。

しかし原因が思考トレーニング不足なのであれば、トレーニングの機会を作ればよいだけのことです。私が主宰している「育休プチＭＢＡ」勉強会では、ＭＢＡ（経営学大学院）に倣《なら》い、経営現場で起こりがちな問題事例を題材として経営者の目線で対処方法を議論します。要は、「上司の視点」を疑似体験するのです。

参加回数を重ねてトレーニングを積んだ女性ほど、**議論の中での主語が「私が」から「会社が」になり、育児と両立しながらいかに組織の目標達成に貢献するかを考えるようになっていく**傾向があります。参加者へのアンケート調査では、参加者の9割が所属企業への貢献意欲と就労意欲を高めていることが分かっています。また、復職後に離職を考えることも相対的に少ないようです（図4-1）。

目の前の業務を効率的に片付けるためには、繰り返しになりますが「問題解決思考」も不可欠です。最も押さえなくてはいけない課題（イシュー）は何か、最適な解決方法は何かを考える力が身につけば、復職後の大変な状況でも思考停止にならずに済みます。

仕事に対して自信がないとついつい受け身で仕事をこなしがちですが、自分が帰りたい時間に帰るためには、自分から仕事を取りにいくような働き方をしたほうが効果的です。

†やりがいは権利主張からは生まれない

こうした思考トレーニングを育休中に実施して復職すると、限られた時間の中でも生産性の高い働き方ができるようになっていきます。そして限られた時間でも組織に貢献できるようになれば、上司から責任のある仕事を任せてもらえるようになりますし、評価されればやりがいにもつながります。

実際に、勉強会に参加して復職した人たちからは、「育休前よりも成果が出しやすくなった」「新しい業務にチャレンジすることにした」「上司との関係が良くなった」「育休前

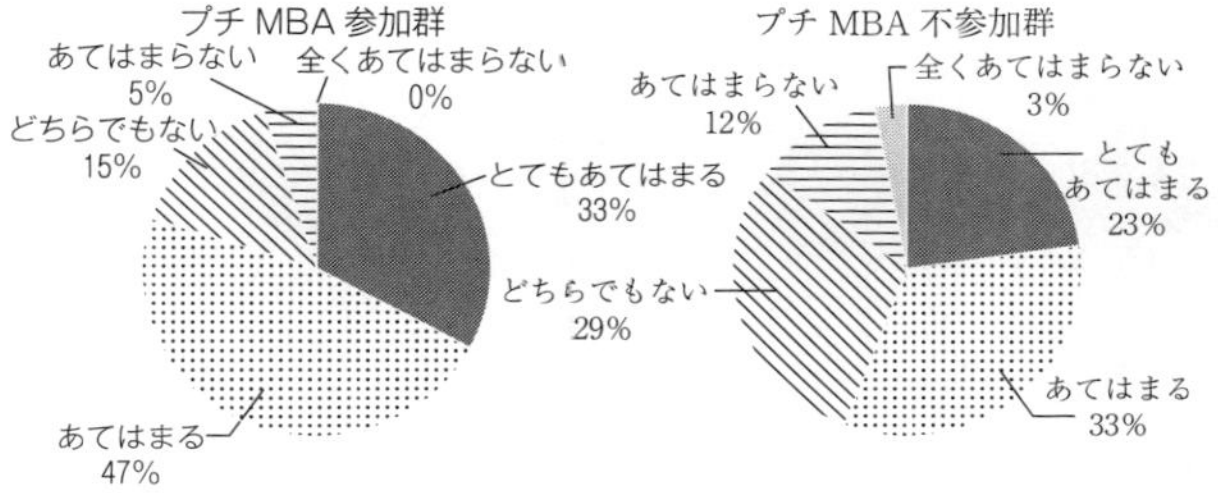

図 4 - 2 ：思考トレーニングによる変化：組織の全体最適視点で業務を行うようになった（育休プチ MBA アンケートより。2017年 4 月実施、参加群138・不参加群286）

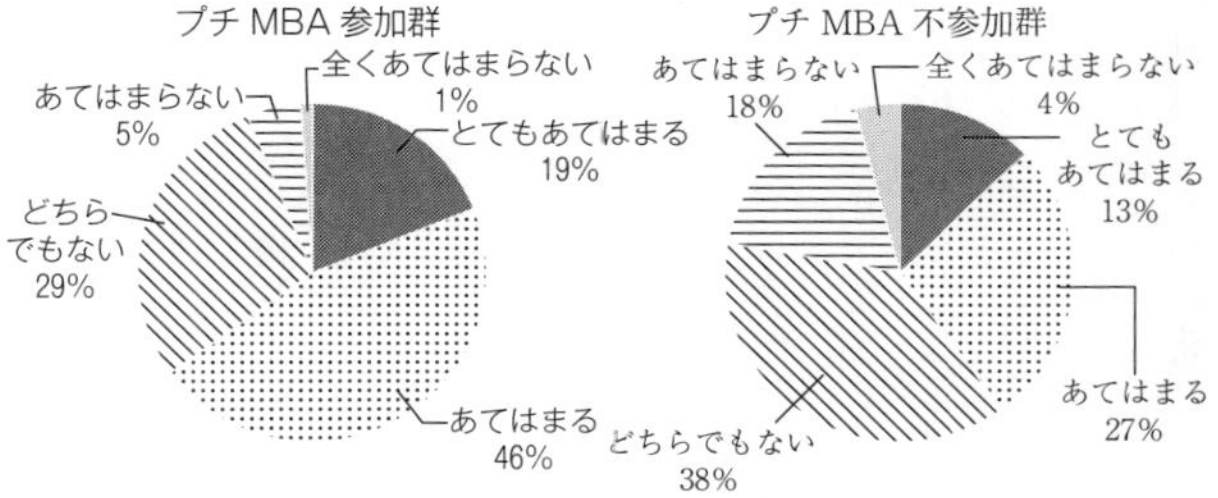

図 4 - 3 ：思考トレーニングによる変化：経営層の言葉が理解できるようになった（育休プチ MBA アンケートより。2017年 4 月実施、参加群138・不参加群286）

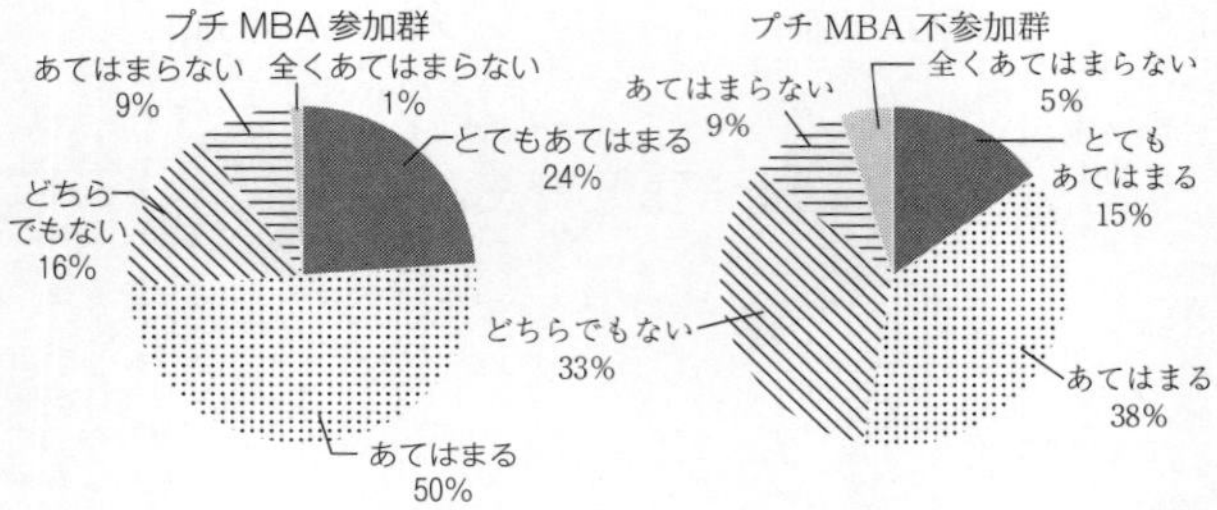

図４－４：思考トレーニングによる変化：期待されている役割や評価ポイントを理解できるようになった（育休プチMBAアンケートより。2017年４月実施、参加群138・不参加群286）

より評価されるようになった」という声が寄せられています（図4-2、4-3、4-4）。

　つまり、**女性に対して能力開発の機会を提供することで、女性たちは〝権利主張者〟から〝組織貢献者〟に変わる**のです。ある程度まとまった期間で現場を離れざるを得ない育休期間は、時間のかかる思考トレーニングをするには最適ですが、能力開発は育休中しかできないというものでもありません。気づいたときに始めれば、十分間に合います。

　そうはいっても、育児をしながら働くことは楽ではありません。病気のこどもの看病で睡眠不足になったときなど、心が折れそうになるタイミングは定期的に訪れます。そんな時に同じ立場で頑張っている仲間の存在は、精神的な支えになります。社内にそのような存在がいなければ、社外でも構いません。一緒に頑張る仲間がいる、一人じゃない、と感じることでくじけずに済み、くじけないことで問題を突破する可能性は高まります。

†ぶら下がりを生まない職場に必要な制度と風土

企業が社員のぶら下がり化を防ぐためには、育児にまつわる制約を抱えつつも業務責任を果たせるような職場環境をつくるための施策が必要となります。

具体的には、在宅勤務制度等の職場環境を整えることや、こどもの病気による欠勤が業務に影響を与えない体制やルールの整備、個人ではなくチームで成果を出す働き方に移行すること等が挙げられます。そうした環境やキャリアパスが整っていると、女性も「いつか自分が担うかもしれないポジション」という目で上司や管理職層を眺めるようになり、権利主張型コミュニケーションから脱却していきます。

第1子出産後に昇進意欲が低下した女性と低下していない女性を比較した研究[*44]では、「仕事を継続できることが分かり長期的なキャリアがイメージできるようになった」「会社・職場が育児との両立を支援してくれたことに応えたい」「会社・職場がやりがいや責任のある仕事や活躍機会を与えてくれた」という回答が、意欲の低下していない人たちに見られます。

一方、「仕事と育児の両立について職場や上司の理解が得られない」「残業など長時間働くことができないと評価を得られない」「育児中の社員はやりがいや責任のある仕事ができない」「所定外労働の免除や短時間勤務など両立支援制度利用者の仕事の評価が低い」「両立支援制度を利用しながらの長期的なキャリアイメージが見えない」といった回答が、意欲の低下している人たちには見られます。

限られた時間で働く人材（私は制約人材と呼んでいます）の人的資源管理方法を、企業側も早急に確立する必要があるのです。例えば、制約が不利益にならない目標設定や業績評価の方法の確立、多様な組織を前提とした管理職の管理能力向上、制約のある中で成果責任を果たすための教育訓練などです。

こうした支援を提供することで、女性たちは「自分にも育児と仕事が両立できる」という自信を深めたり、業績さえ上げれば正当に評価されるのだという確信を持つことができます。

†不本意なぶら下がり状態から脱却するには

いったんぶら下がり化をしてしまうと、そこから逃れることは難しいのでしょうか。配属は組織の都合で行われるため、ワーキングマザー（ファーザー）が頑張っても何ともならない部分があります。それでも、個人でできることが全くないというわけではありません。

ぶら下がり状態から脱却した人たちに共通することは、**たとえ不本意な日々を過ごしていても諦めず、腐らず、自分にできることを探して行動している**ということです。社内でダメなら、社外に成長する機会を作ればよいことです。

また、自分の不満を一方的に語るのではなく、「成長したいという気持ちを持っている」ことを継続的に周りに伝えることが重要です。継続的に伝えておかないと、上司は意図的にぶら下がっているのか、不本意なのかを判断することができませんので、チャンスが来たときの扱いが変わってきます。

復職後の社内での環境が多少意にそぐわないものだとしても、両立のために役立つ知識と社外の人脈があれば支えになります。育休中でも復帰後でも、できるだけネットワークを広げておきましょう。

第５章

女性が活躍している会社はどこが違うか

†そもそも、なぜ女性の活躍が必要なのか？

ところでそもそも論として、なぜ女性の活躍が必要なのでしょうか？　本章では、女性が活躍する職場を作るべき理由を経営合理性に基づいて考えてみます。

1つ目の理由は、人材不足社会の到来に向けて、質のいい人材を多く確保するためです。日本社会は、戦後は一貫して人口が増加傾向でしたが、2008年に1億2808万人というピークに達して以降は減少傾向にあり、2053年には人口が1億人を割り、2065年には生産年齢人口（15〜64歳。いわゆる労働力となる年齢層）がピーク時の半分になると予測されています。[*45] つまり、**これまでの企業活動を、現在の2分の1の人数でまわさなくてはならない時代が来る**ということです。

さらに少子高齢化が進むことで、この頃には2・6人に1人が65歳以上となると予測されています（2015年現在は4人に1人）。企業の現場では、既に「人が足りない」「若い人が入ってこない」という実感があろうかと思いますが、この傾向はますます強まるということですね。

そうした状況を踏まえると、魅力的な職場を作ることは、優秀な人材を確保するために

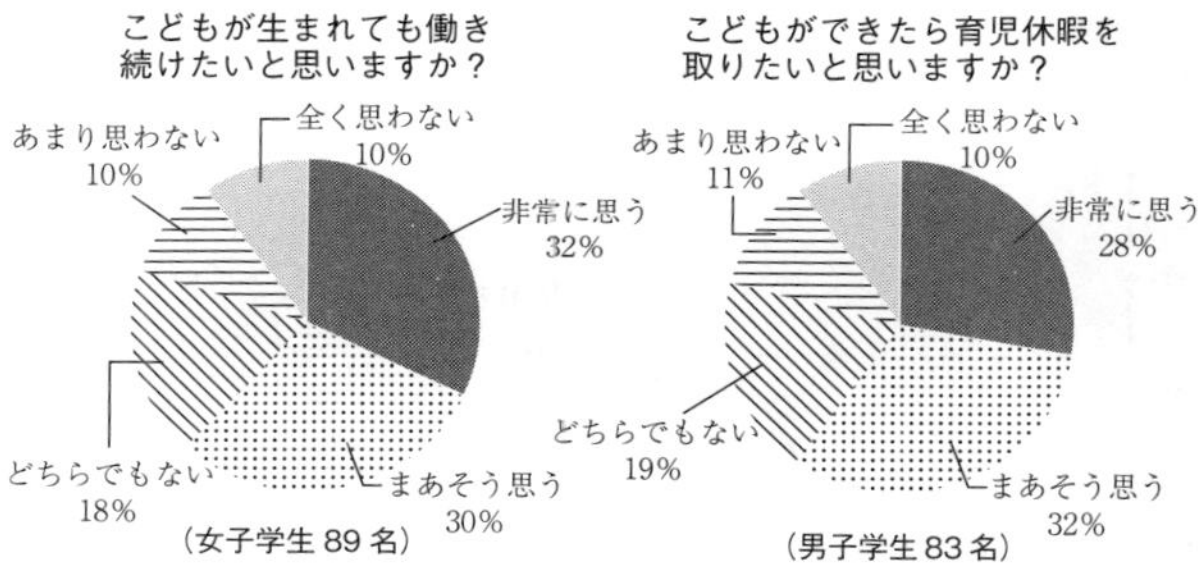

図5-1：大学3年生意識調査（筆者が上智大学「キャリア形成論」の履修者を対象にとったアンケート、2016年）

極めて重要な戦略となります。

今の若者たちは、仕事ばかりで育児への関与が少なかった父親が、家庭での居場所を失っている姿を見ています。そのため、自分はもっと育児に関与したい、仕事と家庭生活を両立できる会社に就職したいと考えています。新卒向け会社説明会で学生が両立支援制度について尋ねるのは、仕事に対する意欲が低いのではなく、むしろ働くことに真摯に向き合っているからなのです。

私が非常勤講師を務めている上智大学の3年生を対象にしたアンケートでは、女子学生のうち「出産後も働き続けたい」と答えた学生が62%、男子学生のうち「取れるなら育休を取りたい」と答えた学生が60%という結果になりました（図5-1）。**若い世代には、家庭も家計も夫婦で分かち合うもの、という感覚がある**

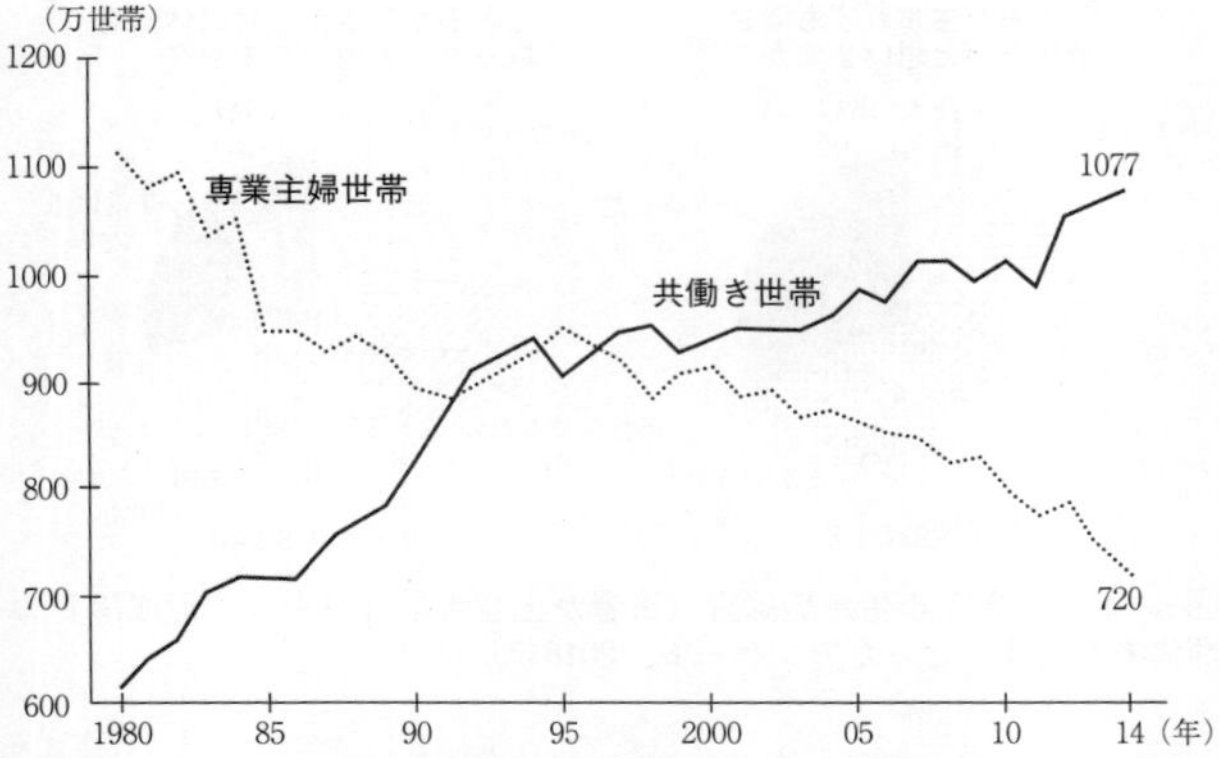

図５－２：専業主婦世帯と共働き世帯数の推移（グラフは独立行政法人労働政策研究・研修機構。データソースは厚生労働省「厚生労働白書」、内閣府「男女共同参画白書」平成26年および総務省「労働力調査」）

ようです。育児と両立できる職場は、こうした人材にとって魅力的に映ることでしょう。

２つ目の理由は、ダイバーシティ（多様性）による企業価値創造の観点です。経済が右肩上がりの時代は、「長時間働ける均質な人材を大量に使う」ことが最も効率よく成果につながりますが、**人材不足かつ超高齢化社会では、「短時間しか働けない多様な人材をうまく活かす」という企業活動にシフトする必要があります。**

その人材の代表例が、育児中や介護中の従業員、持病を抱えた従業員など、働く時間や場所の無限定性を許容できない制約人材なのです。今後は、こうした人材をうまく活用できなければ、そもそも企業活動が立ち行かなくなるということです。

なかでも育児中の女性は、就労意欲は高いにもかかわらず育児との両立が課題となって約5割が退職に至っています。つまり、この点に対する施策を講じるだけで、企業は知識や経験がある人材の流出を防いだり、確保できたりするのです。

共働き世帯数は1997年に専業主婦世帯数を抜き、現在では専業主婦世帯の約1・5倍となっています[*46]（図5-2）。

今の管理職の世代は自分も周りも専業主婦が家事育児を一手に引き受けている世帯が多く、24時間を仕事に費やしても家庭が回りました。しか**し部下である若い世代は、家事や育児を分担しながら働く男女が増えています。共働き共育てができる社会環境や職場環境を本格的に整える時期だと言える**でしょう。

3つ目の理由は、多様化した顧客ニーズを満たすイノベーションのためには、組織の多様性が必要だからです。大量生産・大量消費の時代では、均質なモノを大量に作っていればよかったのですが、現在のように消費者の嗜好が多様化し、技術進歩のスピードも速い時代となると、次々と新しい商品やサービスを生み出す力が必要となります。イノベーションを生み出せる組織であることが重要なのです。複雑で多様な経営環境に対応するには、組織の中に同じ程度の多様性を確保すること（最小有効多様性の原理）で知識創造が起きやすいと言われています。[*47] つまり**世の中の消費者と同じ程度の女性比率を企業組織内にも持つことが、イノベーションの可能性を高めるのです。**

4つ目の理由は、組織を率いるリーダーとしての女性の適性です。組織の成果および部下の満足度に影響を与えるリーダーシップの資質において、女性が男性を上回るという研究結果があります。[*48]

男性リーダーが力強いリーダーシップのみを周囲に期待されるのに対し、女性リーダーは男性的な力強さに加えて優しく協調的な側面も同時に期待されます。女性はリーダーになる過程で、この2つの相反する期待に応えようとして、結果的に、組織の成果と部下の高い満足度の両方を実現するリーダーとなりやすいと考えられています。

そして、このリーダーシップのスタイルは、安定期よりも変革期に成果を出しやすいと考えられていますので、変革期こそ女性のリーダーが求められると言えます。

こうした理由を考えると、社会全体の多様性と不確実性が高まっている今こそ女性の活躍が必要であるということが理解できるのではないでしょうか。しかし女性が活躍するためには、これまでに述べてきた職場環境の改善なしにはありえません。

次に紹介するのは、女性の活躍を阻む大きな要因である職場の職務内容・勤務地・労働時間という3つの「無限定性」を克服した企業の事例です。

1 職務内容制約の克服

†社内外の副業を解禁したロート製薬

1つ目は、職務内容の無限定性を克服した事例です。全ての従業員が自分で職務を選んでいたら、企業活動が成り立たないのは明らかです。しかし職務内容を選べないということは、自らのキャリアや能力開発の機会を自分で決められないということでもあります。

このジレンマは、社員としてやるべき業務はしっかりこなした上で、追加的にやりたい業務を従業員が自分で選べるという選択肢があればクリアできます。その代表的な例が、本業に加えて自分で選んだ副業を持つということなのですが、多くの企業では様々な理由から副業は禁止されています。ここでは、社内外の副業を解禁したロート製薬株式会社

（以下、ロート製薬）の事例を紹介します。*49

ロート製薬は、医薬品、化粧品、食品の製造・販売事業等を行う日本企業です。約1500人（2017年3月末現在）の社員を抱えるロート製薬は、2016年に「社外チャレンジワーク」と「社内ダブルジョブ」という働き方に関する新しい2つの制度を設けました。

社外チャレンジワーク制度とは、就業後や週末に収入を伴った仕事に従事することを認める制度です。社内ダブルジョブ制度とは、一つの部署にとどまるのではなく、複数の部門・部署を担当できる制度です。どちらも社員から自発的に希望を出し、会社へ申請して始められるものです。

†社員からの発案で始まった副業制度

ロート製薬は、2016年に新しい企業スローガンとなる「NEVER SAY NEVER」を発表しました。「世の中を健康にするために自分の進むべき道を見据え、どんな困難にもめげず常識の枠を超えてチャレンジし続けること。」を表現したこのスローガンは同社に流れるDNAを表す言葉であり、自分たちが挑む未来に向かう宣言でもありました。そしてそのビジョンのもと、副業を認める制度を新たに導入すると発表しました。

これらの制度は、経営側のトップダウンではなく、社内プロジェクト「明日のロートを考える（ARK）」から生まれました。2003年に始まったこのプロジェクトは、部門の枠を越えて集まった有志の社員たちによって実施されてきました。自社の利益だけではなく明日の世界を創るために自社ができることは何か、社員も目の前にある仕事のことだけに終始せずもっと中長期的な課題に取り組んでいく必要があるのではないか、について30名程度の若手社員で検討していました。

2014年のARKプロジェクトのテーマの1つは「人事改革」でした。社内で商品開発に携わってきたこのプロジェクトのリーダーは、「（社外には）20代、30代で組織を牽引するような人たちがどんどん出てきているのに、自分たちはロート製薬という会社に守られて働いている。それでは、会社はもちろん、日本社会を本気で変えていくことはできないよね、という話が最初に出たのです*50」と語っています。

そしてプロジェクト・メンバーたちはベンチャー企業や最先端をいくIT企業等を訪ねて働き方をリサーチするとともに、ロート製薬の経営理念をひもときながら、自分たちの未来に必要なものは何かという検討を重ねました。最終的に、「こういう働き方ができれば、自分たちの成長が加速します」という提案を会社に提出しました。その中に「社外チャレンジワーク」と「社内ダブルジョブ」という2つの制度が含まれていたのです。

「社員たち自身が、こういう働き方ができれば自分たちは成長する、と言っている。だから人事部としては、どうすればそれを具体的に後押しできるか、どうすれば本当の意味で社員の自立や成長につなげられるだろうかと考えました。大きなキーになるのは、社員たちが自分自身の可能性を一つに限定しないことだと思ったんです。何か一つのことがダメになったとしても、別の選択肢があれば自立し続けることができます。それならば、今必要なのは複数の可能性を持てるきっかけなのではないか、と」（人事総務部リーダー談）[*51]

†社外で学ぶ機会を重視する文化が背景に

社員からの提案で始まった副業解禁ですが、これは経営陣の構想とも合致するものでした。その背景には、世の中への変化に対応する力を向上させてほしいという経営側の社員に対する思いがありました。

「うちは基本的には製薬メーカーですから、品質を守るためにもある程度仕事は規格化されています。それを人材という面ではいわゆる新卒一括採用でやってきました。しかし新卒一括採用、終身雇用ですとどうしても身内で過ごす時間が多く、世界が狭くなるし外部の変化にも疎くなります。環境が変わると内輪の論理と外の世界との乖離《かいり》はどんどん大きくなっていきます。世の中の変化が速くなってきて、このままじゃダメだ、仕事の経験の幅をどうやって広げていくかということを考える中で、「社員たるものは会社に所属して忠誠を尽くさなければいけない」という囲い込みをやめたらどうかとも考えていました。それと並行してARKプロジェクトから「本業以外のこともできるような自由度やゆとりが欲しい」という声が出てきまして、ちょうどいいということで副業解禁に至りました。メンバーの能力や才能を花咲かせてこそ会社の明日があると思っています。業界大手に規模で勝てない以上は、社員の才能を100%出してもらうことが戦略として重要です。副業を通じて社内では発揮できない能力を発揮する経験をして、それを社内でも活かしてほしい」と、代表取締役会長兼CEOの山田邦雄氏は話します。

山田氏が社員の成長の場を社外に求めるようになったきっかけの一つは、東日本大震災の復興支援でした。

「志を持った人が現場に飛び込んで活躍している様子を見てショックを受けたというか、震災復興という枠を越えて、新しいものを作るという点で勉強になったし世界が広がりま

した」（山田氏談）

†マルチキャリアが人と組織を育てる

副業を解禁した1年目は、社外チャレンジワーク制度には約60名が希望を出し、約30名が実施に至りました。2017年は新たに40～50人が希望を出してきています。社内ダブルジョブ制度には100名ほどの応募があり、36人が実施に至りました。承認は本人・上司・人事が三者面談しながら慎重に進めるようにしています。

具体例としては、薬剤師として調剤薬局で働いたり、故郷の事業を支援したりというものがあります。事業を週末にちょっと手伝うという例は、おそらく副業を制度化する前にも存在していたのかもしれませんが、こっそりボランティアとして手伝うよりも、会社や職場が応援してくれて報酬も受け取れる環境で手伝うほうが、本人の成長という点でも成果という点でも大きくプラスになります。

副業をしている社員も、現在は本業での勤務時間は週5日で計算されますので、給与額に大きな変化はありません。ただこれから週3日勤務の社員が生まれたり、社内の複数の部署で評価をしなくてはならない社員が登場したりする可能性があります。

こうした働き方の多様性が出てきたとき、どのように公平な評価をするかを尋ねると、山田氏からは次のような回答が返ってきました。

「給料という一本の物差しで測る以上、どうしたって評価は難しいし矛盾も出ます。しかし、そもそも公平とは何のためかを考えるべきです。日本の人は不公平と言われることを怖がりすぎて、自由や自主が犠牲になっています。報酬の面で不当な差別はもちろんあるべきではないけれども、状況が違うものを一緒にしたってしょうがない。他社で兼業して週3日勤務かもしれないけれど、半分の給料で6割の仕事をしてくれるのだったら誰にとってもためになる話です。極端な話、例えば全員が週に半分の勤務だったら2倍の人材にわが社で働いてもらえる可能性があるのです。1回しかない人生だから、シングルキャリアより複数のマルチキャリアであればより豊かになりますし、埋もれている個人の可能性に気づいて活かすこともできます」

†副業解禁は競争戦略

副業解禁によって目指したのは、社員個人の成長です。「本質的に追求したいことは、社員の自立、そこに尽きます。兼業や部署兼務は、社員にとって決して楽な選択ではない

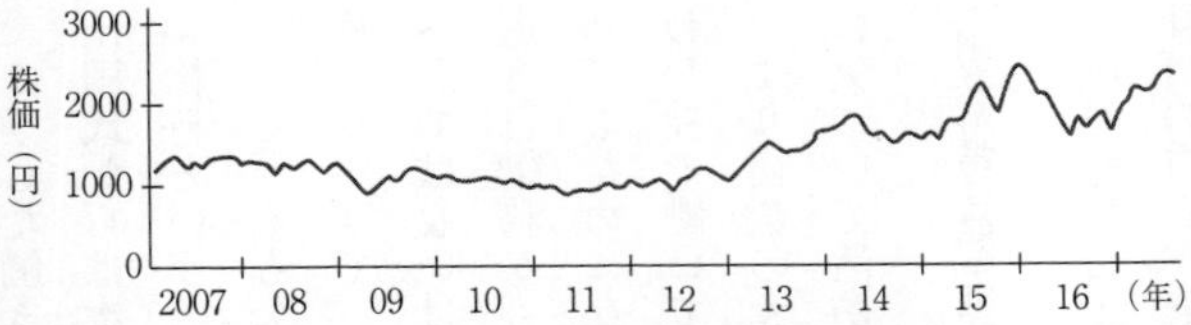

図5－3：ロート製薬株式会社の株価の推移（月終値／単位円、筆者作成）

はず。だからこそ成長につながるし、新たな可能性が生まれるきっかけになっていくものだと考えています」[*52]（前出の人事総務部リーダー談）。そして個人の成長は、会社に返ってくるものであるとも考えています。

「『働き方改革』という名のもと、こうするのがいい、ああしてはダメと規格化しようというのは、企業の自立を奪うことになると思いますね。わが社は、ダイバーシティや副業解禁をしたほうがいろいろな人の才能を発揮してもらえるし、最終的には企業の競争力になると思っているからやっています。変化に適応して成果を出していくための競争戦略なのです」（山田氏談）

†越境学習を成長機会に

副業解禁やダイバーシティは福利厚生ではない、競争戦略であると山田氏は言い切っています。**組織が環境の変化に適応し、これからも競争力を持ち続けるためには、社内に閉じているのではなく、**

社外で経験を積むことが個人にとっても組織にとってもプラスであるという考え方です。

組織の境界を越えた学習機会を持つことを「越境学習」と呼びますが、副業を解禁することで、社員は越境学習による成長の機会を持つことができます。社員は自ら選んだ会社や業務に携わることができ、組織は社員が社外で開花させた能力を社内でも発揮してもらえるという、お互いに幸せな状態を作り出すことができます。

職務内容の無限定性を克服することで、「やりがい」や「働きがい」を追求した一つの形と言えるでしょう。

2　勤務地制約の克服

†在宅どころかカフェでも仕事ができるユニリーバ

次は、「勤務地の無限定性」を克服した例です。

育児をしながら働く従業員は、自宅勤務ができたり、働く時間帯を自分で調整できたりするだけで、両立は飛躍的に楽になります。介護を抱えている従業員は要介護者が自宅や会社の近くに住んでいるとは限らないケースも多く、介護をしながら通勤することが地理的に困難なケースも多くあります。

特にライフスタイル上の課題はなくとも、業務の内容によってはオフィス以外のほうが生産性が上がるという人もいるでしょう。ここでは、勤務場所を限定しない制度を導入したユニリーバ・ジャパン株式会社の事例を紹介します。*53

†フレックスタイム＋在宅勤務の発展形であるＷＡＡ

ユニリーバ・ジャパンは、２０１６年、働く場所と時間を社員が自由に選べる「ＷＡＡ」（Work from Anywhere and Anytime）という制度を導入しました。理由を問わず、会社以外の場所（自宅、カフェ、図書館など）で働けます。また、コアタイムがなく、勤務時間・休憩時間を平日6～21時の間で自由に決めることができます。

上司に事前申請すること、社外で働くときには携帯電話やスカイプで連絡が取れるようにすること、情報の機密性を確保すること、2か月単位で見た時に所定労働時間が満たされるようにすること、といった大きな原則はあるものの、細かな規則はなく、成果さえ出せばいつどこで働いても構わないという制度になっています。期間や日数にも制限がありません。

WAAは、育児中・介護中の女性に限らず、すべての社員がより豊かな人生を送れるようにしたいというビジョンから生まれたものです。ユニリーバ・ジャパンが重視しているのは「働きやすさ」ではなく「働きがい」。社員に働きがいを持ってもらうためには、自分らしく生き生きと力を発揮してもらうことが重要だと考えています。

社員の生産性が下がるのではと心配《しんぱい》して厳しく管理するのではなく、社員を信頼《しんらい》して自ら生産性の高い働き方を選んでもらうことに重点を置いています。

WAAは社員が自分らしく働くための「選択肢」であり、必ず利用しなくてはならないというものではありません。社員の一人ひとりが自分の働き方を意識し、より効率的な働き方ができないかを見直すきっかけとしました。

ユニリーバでは、企業理念として「環境負荷を減らし、社会に貢献しながら成長を実現する」ことを目指しています。そのために重要な経営戦略の一つが、ダイバーシティ（多様性）の推進です。多様な社員が自分らしく働きながら一つのチームとして最大限能力を発揮することは、ビジネスを成長させる基盤だからです。

ユニリーバ・ジャパンでも早くから、多様な働き方ができる制度・環境の整備を進めてきました。フレックスタイム制度は2005年、在宅勤務制度は2011年に導入し、どちらも性別や年齢を問わず活用されていました。

その後、働き方の柔軟性をさらに高めるため、WAAを試験的に導入して調査を行ったところ、生産性や働きがいが上がったというデータが出たため、全社への導入に踏み切りました。このように働き方の柔軟性を高める制度を積極的に取り入れることは、社員のワークライフバランスの向上はもちろん、仕事の生産性を上げ、自社をより強く、働きがいのある企業にするのに役立っています。

†女性の働きやすさをどうフォローするか

世界190か国で事業展開しているユニリーバには、多様なバックグラウンドを持った社員が働いています。

ユニリーバのダイバーシティ推進は、「女性に優しい会社にする」ことが目的ではありません。世界中の社員の行動原則である「企業行動原則」では、「職場環境の多様性を推進」することを定めている一方で、「業務遂行に必要な能力と資格によってのみ社員を採用し、雇用し、昇進させます」と約束をしています。

つまり、女性であることがハンディにはならない職場環境を用意した上で、性別などに関係なく、あくまで能力や成果によってのみ評価をしているということです。

男女を同じ数だけ採用し、同じように教育して昇進の機会を与えれば、管理職における男女比率は50対50になるはずです。しかし、実際には、多くの企業で、職位が上がるほど男性の割合が高くなっています。これは、女性のほうが出産・育児・介護などのライフイベントの影響を受けやすいからです。

ユニリーバでは、女性社員がライフイベントによってキャリアを諦めなくてもいいようにサポートする仕組みが必須だと考えています。

例えば、ユニリーバ・ジャパンの女性社員の中には、育児休業からの復職時、以前と同じ業務責任を負うことに不安を持つケースがあるそうです。そうしたケースでは、人事が丁寧なコーチングや対話を重ね、本人の希望を聞きます。本人が挑戦する気になれば、スムーズに元の職位に復職させ、以前と同じようにパフォーマンスを上げられるようサポートします。

本人が希望した場合には、復職1年目に限り1つ下の責任業務を選べる制度もあります。実際にこちらを選択する人は少ないとのことですが、本人の意思を尊重し、安心感を持って働けるようにするために、いくつもの選択肢を用意しているのです。

ユニリーバ・ジャパンは、様々な人事制度を女性だけの特権にはしていません。WAAはもちろん、育児・介護休業後の前職復帰の原則、配偶者の転勤に伴う休職制度などは、性別を問わず利用できるようになっています。

†WAAを支える成果主義と能力開発

ユニリーバでは、世界共通の人事評価制度のもと、成果主義が採用されています。そのポジションに期待されていること、結果として求められていること、評価される指標のそれぞれが明確な成果主義になっています。

社員は毎年上司と話し合って目標設定を行い、その目標に対して評価を行っています。目標設定では、本人の成長につながるよう、自分ができると思うよりも少し上の目標を設定し、時には上司や人事部などのアドバイスも受けながら、どのようにすればその高い目標を達成できるかを社員が自ら考えます。目標が達成できなかった場合には、まずは本人と上司が原因や改善策を話し合います。

それでもなお伸び悩んでしまう場合には、人事部のサポートを受けながら能力開発のためのプランを作ったり、本人の希望や適性により合う職務が他にないかを考えてもらうこともあります。成果主義といっても、「評価が悪ければ居場所がない」というスタイルではないのです。

成果を出すための社員の成長を重視するユニリーバには、キャリアは会社ではなく自分で作るものという文化があります。社員は自立した個人であることを求められます。新卒採用では職種別採用を行っており、早くから責任ある仕事を任せられます。実際の仕事から学ぶだけではなく、リーダーシップを伸ばすトレーニングや、多様なバックグラウンドを持ったメンバーとうまく働くためのトレーニングなど、働きながら学べる機会が数多くあります。

また、多様な社員が多様な働き方をするチームで成果を上げていくためには、管理職の能力や資質も重要です。ユニリーバでは管理職としての能力や資質は昇進要件にも含まれています。部下を評価する際には、それぞれの社員の潜在能力を丁寧に評価し、何が足りないか、その要件を伸ばすためにはどういうことをすべきかを複数の管理職で話し合います。

こうした議論ができるためにも、非管理職から管理職になった最初の月は、人事部が丸

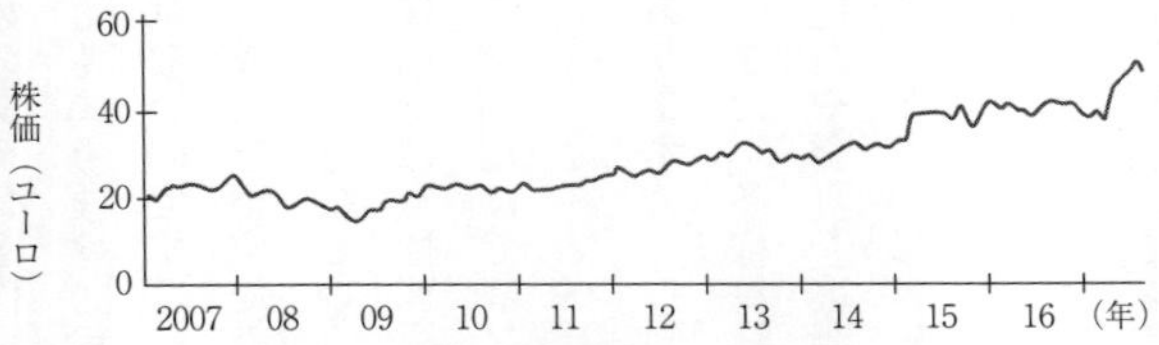

図５－４：ユニリーバ株式会社の株価の推移（月末終値／単位ユーロ、筆者作成）

１日かけて１対１のレクチャーとワークショップを実施したり、複数の新任管理職を集めて採用・教育・評価・コーチングといったトレーニングを実施したりすることもあります。

†「いつでも」「どこでも」働けることで生まれるゆとり

ＷＡＡの導入後、ユニリーバ・ジャパンでは、定期的に社員へのアンケートを行っています。最新の調査（実施10か月後）では、9割の社員が1回以上ＷＡＡを利用しており、7割が「ＷＡＡの導入により毎日が良くなった」「生産性が上がった」と感じているという結果になりました。実際の残業時間も前年比で15％程減っていると言います。

さらに、社員からは「自分で働き方を選べると思うとモチベーションが上がる」「通勤時間がなくなったことで体も心もこんなに楽だとは思わなかった」「家族との時間が増え、奥さんの笑顔が増えた」「時間的・精神的なゆとりができた」「趣味のスポーツで一汗流してから仕事をすることで集中力が高まる」といったコメントもありました。

ユニリーバ・ジャパンではＷＡＡをはじめとする誰もが働きやすい環境づくりの結果、女性管理職比率（課長職）が34％と、日本企業の平均を大きく上回っています（２０１７年6月現在）。

†管理職教育の重要性

ユニリーバ・ジャパンは、社員に最大限のパフォーマンスを発揮してもらうという明確な目的のもと、フレックス勤務制度や在宅勤務制度からさらに一歩進んだＷＡＡの導入によって、働く時間と場所の決定を社員に委ねています。

こうした**主体的な働き方を支えているのは、成果主義であることに加え、中間管理職の高い管理能力である**と考えられます。**部下の多様性が高まると管理職への負荷が高まりますが、その対策を管理職の自己責任にせず、研修など管理職自身の成長を会社としてサポートをしている**ことは大きなポイントです。

管理能力が低いままに多様性を高めると管理職が疲弊しますし、子育て女性だけに優しい職場を作ると他の人材が離職します。成果を意識せず働きやすさだけを重視していると業績が下がります。ユニリーバ・ジャパンのあり方は、多様性を企業の持続的な競争力につなげるためのお手本であると言えるでしょう。

3　労働時間制約の克服

†残業ゼロでも成長を続ける株式会社クラシコム

3つ目は、労働時間の無限定性を克服した例です。育児と仕事の両立を阻む大きな要因は、長時間労働です。全ての社員が定時で帰ることが当たり前の職場であれば、育児との両立はさほど難しいことではありません。こどもがいない人も、その時間を友人との交流にあてたり、自己投資の勉強の時間を持ったりすることができます。

ここでは、社員全員が18時に帰りながらも成長を続ける株式会社クラシコム（以下クラシコム）の事例を紹介します。[*54] クラシコムは北欧の雑貨をはじめ、日常使いの道具などを販売するECサイト「北欧、暮らしの道具店」を運営する2006年創業の企業です。

女性をターゲットとする同社の運営するサイトの特徴は、読みものコンテンツが非常に充実していること。クラシコム社が自分たちを「カートボタンのついたメディア」と呼ぶ理由です。2015年からは企業とタイアップした広告記事も増えてきていますが、社員が実際に自宅で使ったり、商品開発や企業の背景に重きをおいたりと丁寧に作られた広告記事は、普段のコンテンツ以上に読了率が高いそうです。

†なぜ残業ゼロを始めたのか

クラシコム社は、代表取締役の青木耕平氏が実妹である取締役の佐藤友子氏と共に立ち上げた会社です。経営は青木氏が、事業はインテリアコーディネーターの佐藤氏が担うこととなりましたが、その当時青木氏は子育て中、佐藤氏は結婚したばかりでそのうち子育てと仕事を両立させながら働く可能性があることが分かっていました。そのため、子育て中でも働きやすい職場にするための組織や仕組みを作ることを創業時から意識していたそうです。

また人口減で若い人材の確保が難しくなる将来を予想して、大手企業のように高い給料や安定性を提供できないクラシコム社が優秀な人材を確保していくには、プライベートのために仕事をセーブしたい人が働ける職場、具体的には「18時に帰れる」というメリットを提供すればいいのではないかと考えました。実際、現在の毎月の平均残業時間は20分以下です。

「できるときだけ」ではなく「常に18時に帰る」ためには、B2B（Business to Business）で少数の大きなクライアントに依存する方法をとるべきではないと青木氏は考えました。依存度の高いクライアントから無理を言われると対応せざるを得ないからです。

そこで、まずは自分たちの自由が利きやすいB2C（Business to Consumer）で基盤となるブランド力をつくることに集中しました。

†クラシコム社の事業の特徴

クラシコム社のB2Cのブランド力を確立するために効果を発揮したのは、「朝の過ごし方」や「料理家さんの定番レシピ」、「スタッフの愛用品」など、社内の編集チームがつくる商品と関係のない読みもののコンテンツです。月150本ほど投稿しており、商品に関するコンテンツはわずか30本程度です。

広告費をほとんどかけていないにもかかわらずサイトの月間ページビューは約1500〜1600万件、フェイスブックページの「いいね！」は約43万件、ツイッターのフォロワーが2・1万人、インスタグラムのフォロワー約58万人と、ライフスタイル系のメディアとしてはかなり大きな規模を確立しています（2017年6月時点）。

また同社の月間のユニークユーザー数は160万人と、1人のユーザーのアクセス頻度が、一般的なECサイトより高くなっています。同社が行ったアンケート調査でも、毎日が69％、週1回以上が96％と、ユーザーはかなりの高頻度でサイトを訪問していることが分かっています。

週に5回発行しているメールマガジンを経由して、発信数の三分の一くらいが訪問します。ただ、クラシコム社はページビュー数や訪問数における購買率よりも、同社が「総接触者数」と呼ぶ数値を意識しています。そのほうが結果として受注数と注文単価が上がり、さらに広告媒体としての価値も向上するからです。

こうして築いたB2Cでのブランド力と記事編集力を武器に、2016年からは記事広告の販売を始めています。こうしたB2B事業は自分たちのポリシーを理解してくれるクライアントとのみ展開していますが、これまでに良品計画やキヤノン、キリンといった日本を代表する企業と提携しています。多くの場合は担当者がクラシコム社のファンであることが多いとのこと。そのため営業に出向くというよりは、声をかけられたところに案内

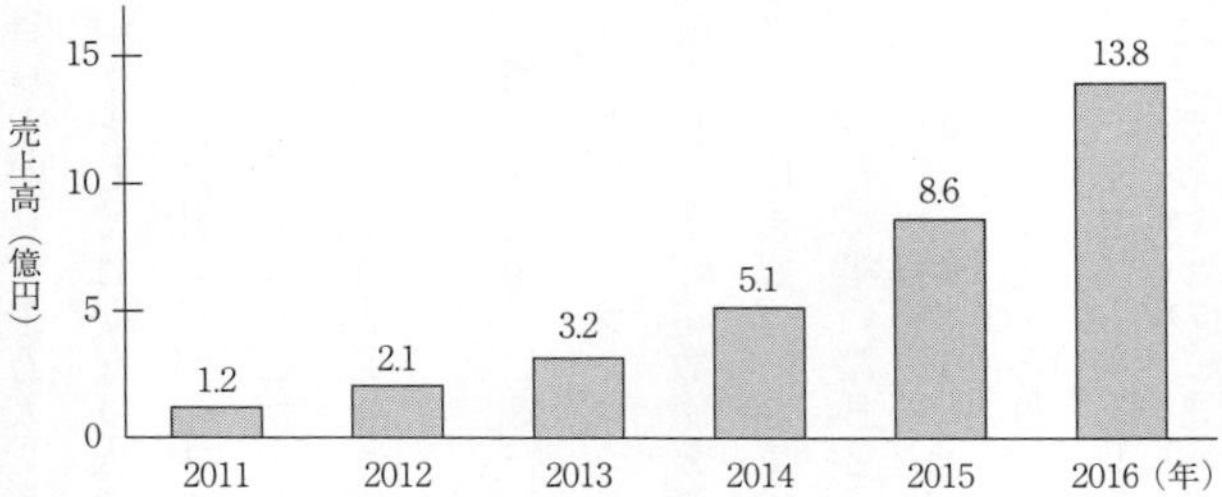

図5－5：クラシコム社売上高推移（同社提供データ）

にいくという形の商談がメインです。

こうして、クラシコム社の売上は2015年度が8・6億円、2016年度は13・8億円と、創業以来毎年前年比160％で増加してきています（図5-5）。この160％というのは、「健全さを維持できる成長の限界」と青木氏は語ります。

†18時に退社するから成長できる

全員が18時で退社することと事業の成長の両立は不可能ではない、と考える理由を青木氏は次のように述べています。「やらなきゃいけない仕事は3時間もあればできるはずで、残りの5時間はその3時間を有効に使う方法を考える時間に使うべきだという考えが根底にあります。そしてそれを実現するためには高い収益性が必要です。8時間で仕事を終わらせるために、財務戦略や組織戦略、競争戦略など全ての戦略を考えています。最初の北欧旅行でそういう世界があるんだと目の当たりにしました」

実は、青木氏と佐藤氏が通販業を始めたのは偶然の結果でした。兄妹で出かけた北欧旅行で仕入れたヴィンテージ食器が想定以上に売れたことをきっかけに、北欧雑貨について調べ始めた結果、需要喚起と供給態勢の両面で高い可能性があることが分かりました。

ただし通販業では、粗利率を上げるためには資本力が必要になります。そこで青木氏は粗利を上げる代わりに、売上の2割を占める広告宣伝費を削減する方法を考えるようになり、現在のような通販サイトのメディア化を思いつきました。

同時に、在庫回転率を上げるためのシステムに投資しました。商品数を絞り込み、過去の受注データと現在の注残データ、在庫データから最適発注数を計算し、自動で発注をするシステムを自社で開発。発注担当者2名で年間12回転という、高い在庫回転率を実現しました。そうした工夫の結果、現在の経常利益率は15％程度になっています。

†長時間労働にならないための工夫

「メディア」を標榜するクラシコム社のコンテンツはほぼ100％が内部製作で、現在37人の社員で製作しています。12名のエディトリアル（編集担当者）が中心となり、顧客対応やPRなどを担当する6名のコミュニケーショングループ、仕入れや在庫管理を担当する6名のマーチャンダイザーがエディトリアルのサポートをする形をとっていますが、それ以外の経営陣やデザイナーなども何らかの形でコンテンツ製作に関わっており、エンジニア以外のほぼ全員が記事を毎月書いています。

こうした記事や広告の製作作業はこだわり始めるといくらでも作業時間が延びていきますが、コンテンツの品質を維持しつつ18時退社をするために、クラシコム社では製作にかけられる時間と、要求レベルの下限をあらかじめ設定することで管理しています。さらに残業して間に合わせるということはせず、もし間に合わなければ公開スケジュールを変更して対応します。

他にもタスクの取捨選択は常に行います。業務の効率化を検討する際は、「その業務はそもそもなくせないのか？　他のタスクと統合できないのか？」をまず考え、それがNOの場合のみ効率化の方法を考えます。担当者が重視しているタスクでも、全社視点で見ると止めても問題ないということは珍しくありません。

また、失敗に対してはお互いに許容し、フォローし合うことを意識します。特に新しい企画やコンテンツを作成する中では想定していない失敗がどうしても発生することがありますが、ミスをゼロにするため事前チェックの手間とコストをかけるより、それは本当に発生してはいけないミスなのか、事後にフォローすればよいのではないかをまず考えます。

普段から余裕なく働いていると何か突発事項が起こったときに現場が崩壊しがちですが、クラシコムでは日々の業務時間いっぱいまで仕事を詰め込むということをしないよう意識しており、その分余裕が出る安定期は部門横断的なプロジェクトに参加して成長の機会としたり、新しい企画を練ったりしています。一方で繁忙期は全てお客様対応に時間を割き、飛び込み案件があっても18時までに対応を完了します。

社員全員が時間を意識して働いているとどうしてもコミュニケーションが希薄になるため、社内の撮影用キッチンを使って料理研究家がつくる「社食」を皆で食べるという企画を時々開いています。社員同士はSNSでお互いの状況を共有しており、プライベートの投稿がコンテンツに発展したりと、相手の人となりを理解するだけでなく仕事のアイデアにもつながっています。

同社には人事考課がなく、入社時は全員が同じ人事グレードとなり、昇格の条件である基準値を満たすと人事グレードが上がる仕組みになっています。新人には教育を主業務とする教育係が1名つき、数か月伴走するかたちでトレーニングをします。

†安心して働ける環境がマネジメント・コストを下げる

「全員18時退社」のインパクトは、主に採用に表れているようです。年間10人弱の採用枠に、２０１５年は５００人、２０１６年と２０１７年は７００人程度の応募があったとのこと。応募者は女性が多く、その倍率から選ぶ人材の質は当然ハイレベルです。

「僕は、女性の特徴は長期思考だと思っています。そしてマネジメント・コストは、圧倒的に女性のほうが安いです。その女性の人生設計の中で、安心して働いてもらえるような環境を整えれば良いだけの話ですよ。

男性は先のことは分からないよねという感じですが、女性は例えば、こどもができて保育園に預けられなかったらどうするのですか、旦那の転勤があったらどうするのですか、という不安に対して、社内に預けられるところがあるよ、リモートワークができるよという説明さえできれば、実際に使うか使わないかにかかわらず心配事がどんどんなくっていくわけですから、そうしたら持ち前の長期思考がポジティブなほうに働き始めるのだと思うのです」（青木氏談）

†制約を武器に変える

残業廃止は昨今の大きな流れですが、多くの職場では早く帰るためのルールを設定するだけで仕事量自体を減らす施策は打っていないという声をよく耳にします。

そのため今後は隠れ残業が横行したり、管理職が疲弊したり、業績が悪化していったりという弊害が出てくるでしょう。そうした課題に対して、クラシコム社の事例は具体的な解決策を提示しています。

全員が定時で帰る職場をつくるためには、ただ効率を上げるだけでなく、「8時間で終わらせるためにはどうするか」を戦略的に考えることが重要であることが分かります。8時間で業務を終えるという条件は一見すると大きな制約ですが、クラシコム社はむしろその制約があることで戦略を考え抜いたり、社員の成長の機会や新しい事業のアイデアを得たり、優秀な人材を獲得したりということが実現できています。

「事業が厳しいから残業ゼロは無理」と考えている方は、もしかすると「残業が多いから事業が厳しい」のかもしれません。

†「無限定性」突破が事業の成長のカギ

本章では、女性の活躍を阻む大きな要因である、職場の職務内容・勤務地・労働時間の無限定性を克服した3つの企業の事例を見てきました。

日本的大企業、グローバル企業、中小企業という3つの異なる企業態の事例から、**無限定性は必ずしも克服できない課題ではないどころか、克服することで生産性向上や採用競争率アップといったプラス効果がある**ことがお分かりいただけたのではないでしょうか。

人材が豊富な時代であれば、無限定性を許容してくれる人だけを選んで採用することもできました。採用競争力に自信のある企業は、今もそう考えているでしょう。

しかし、労働力人口の絶対数が右肩下がりであることに加えて、育児中で共働きの男女をはじめ、いろいろな制約を持つ人材、制約とまではいかなくともプライベートを大事にしたい人たちが増えてきました。

人材を確保し活躍を期待するのであれば、無限定性を前提としない多様な働き方を認める職場を実現していかなければならないのがこれからの時代です。そもそも、無限定性を前提とした職場では長時間労働が常態化しやすく、生産性が低くなります。

日本の2015年の労働生産性（GDPを就業者数で割ったもの）はOECD加盟35か国中22位で、これはアメリカのほぼ6割に該当します。[*55] 2014年の平均労働時間は、日本はアメリカとほぼ同じですが、スウェーデンの1・1倍、ドイツの1・3倍です。[*56]

つまり**日本の生産性は他国と比べても低く、その影響が女性の働き方の問題に表れている**といえるのです。

†多様性を競争優位性にするために

こうした状況を突破するために、同質性を前提とした職場マネジメントから、多様性を活かせる職場マネジメントへ移行することが多くの企業に必要な変革です。女性の活躍推進施策は、そのきっかけとなります。子育て中の女性でも働きやすい職場は、他の人にとっても働きやすい職場と言えるからです。

しかし、「女性」だけ、「働きやすさ」だけを目的とした変革は、一歩間違えると業績悪化につながります。本章の3事例から、多様性を事業の成長につなげるためのヒントを抽出するとすれば、①事業戦略における多様性の明確な位置づけ、②自立性を前提とした人材の教育、と言えるでしょう。

①事業戦略における多様性の明確な位置づけ

先の3つの事例では、どれも「働きやすさ」を目的としてはいません。働く環境整備は、あくまでも成果を出すための手段であるという位置づけが明確です。またこれらの企業の「手段としての働きやすさ」は、事業戦略と密接に結びついています。

ロート製薬にしろ、ユニリーバ・ジャパンにしろ、クラシコムにしろ、変化する市場や社会へ適応するためには、多様性が必要であると考えています。戦略上の位置づけが明確であるからこそ、経営陣や人事部が一丸となって変革に取り組んでいますし、その果実も生産性や採用競争力といった事業上の強みとなっています。

②自立性を前提とした人材の教育

一方で、部下のスキルや働き方の多様性が高まると、一時的にせよ管理職の管理コストを高めます。そのため3つの事例では、管理職をはじめとする人材への教育を戦略的に行っています。

管理職本人の自助努力に任せることなく管理能力の向上をサポートする仕組みがあった

り、個人の自立性を高めるような研修を行っていたりと、管理職と社員の双方に向けた教育研修機会をしっかり作っています。

組織の変革には、個人の変革が必要です。つまり社員教育に投資をすることが、多様性を活かせる職場マネジメントに移行するカギと言えるでしょう。

第6章
家事育児も戦略的に考える

†育児にも使える経営理論

本章では視点をがらりと変えて、仕事と両立するための育児や家庭の在り方を考えてみたいと思います。最初におことわりをすると、「家事・育児に最大限の手間と時間をかけることが愛情である」と考えている方には、本章はあまりお勧めできません。

家事はなるべく効率よく済ませて、こどもとの時間を多めに確保する形で家庭を運営したいと考えている方に、効率化のためのアイデアや具体策を、多数紹介したいと思います。

私の専門である経営学は、組織を効率的・効果的に運営するための知見です。より身近な例で言うと、**夫やこどもといった「家族」も組織なのです**。夫婦がチームとなって育児に取り組むことで、仕事にポジティブな影響が出るという研究もあります。*57

私は育児の専門家ではありませんが、経営学を知っていることで、育児そのものや仕事との両立が楽になることを実感しています。理論を知っていることの大きなメリットは、この先に直面する課題を予測して頭を整理したり、あらかじめ対策しておけることにあります。**「頭を整理する助けになる」「先の予測がつく」ということが、私の子育てを確実に楽にしてくれました。**

本章では、家族という「組織」を経営の視点でとらえ、どうすれば効率的・効果的に運営していくことができるかを考えてみたいと思います。

†「子育てに非協力的な夫」の組織社会化

こどもが新生児期の母親は、仕事に喩《たと》えて言うならば、「一定時間ごとに原因不明のエラーが発生する絶対止めてはいけないシステム（＝新生児）の対応をたった一人で任されているエンジニア」状態です。新生児は脂肪がついておらず栄養のストックがないため、生命を維持するためには2、3時間ごとの栄養補給（授乳またはミルク）が必須です。

授乳は、1回の所要時間が30〜60分かかります。これを3時間ごとに、24時間週7日で母親は行っており、その合間に仮眠をとるしかないので慢性的に睡眠不足となり、そこに新生児の泣き声が追い打ちをかけます。この生活が1か月続けば、ウツ状態にならない人のほうが少ないとは思いませんか。

母親が非常事態ですから、パートナーの活躍を期待したいところですが、世の多くの家庭では**「夫が子育てに協力的でない」という不満**があるようです。私は、これは**「組織社会化」の失敗**だと捉えています。

組織社会化とは、新規参入者が組織に適応していく過程のことで、代表的なのは新入社員が会社になじんでいくプロセスです。**新規参入者を組織に迅速に適応させることができれば組織は効果的に機能します**ので、経験や観察を通じて、組織のメンバーの社会化を促進します。

出産を境に、「夫婦」は「育児チーム」へ移行します。しかし、**出産直後から学習機会をたくさん与えられて経験を積む女性に対して、学習手段や時間が相対的に少ない男性はどうしても適応が遅れてしまいます。**

育休を「夫婦から育児チームへの適応期間」に

例えば、育児の難しさの一つに、乳児が泣いている原因の特定と対応策の選択があります。産後の入院期間や産休・育休など乳児の傍にいる時間の長い母親は経験と知識が増えていき、「泣いている乳児」対策の精度とスピードが上がっていきますが、乳児と過ごす時間にハンディのある父親はどうすればいいか分かりません。分からないので、母親に任せます。

そうすると、経験と知識は母親だけに蓄積されていき、そうこうするうちに「やっぱりママがいちばんだね」という状態になっていきます。これは「ママだから」というより単に「知識と経験が豊富だから」なのですが、父親としては何をやっても母親にはかなわないという気持ちになり、モチベーションが低下し、モチベーションが低いので経験も増えず……という負のスパイラルにはまってしまうと、いわゆる「子育てに非協力的な夫」が生まれます。

これは組織社会化が適切に行われていないことが原因ですので、**解決するためには、構造的に学習機会の少ない男性に学習する機会をたくさん提供し、適応を促進することです。**そのためにも、**育休期間は「女性だけが育児に専念する期間」ではなく、「夫婦が育児チームに移行するための適応期間」として捉えるとよい**と思います。

例えば、こどもが泣き出したら、母親が一人で対応するのではなく、**「どうして泣いているのか、一緒に考えよう」「どういう対策があるのか、試してみよう」というプロセスを夫婦二人で共有する**機会にしましょう。最初は効率が悪いと感じるでしょうが、男性の知識と経験が増えると適応が進みます。

なお男性の育休取得は、24時間育児を経験するという点で強化合宿のような効果がありま す。逆に里帰り出産は夫の組織社会化を遅らせる大きな要因となりえますので、ご注意ください。

†ママ友の価値をネットワーク理論で考える

学習プロセスにおいては、他者の観察や他者との交流による学習は非常に効果的です。特に育児のような形式知化や概念化があまり進んでいない事柄については、他者の観察はとても貴重な学習リソースとなります。特に第2子以降の母親の育児はいい塩梅に合理化されており、こうしたママ友を観察する機会があると、ほどよく手を抜いた育児ができるようになります。

また、育児に関しては情報の非対称性がたくさんあり、保育園情報はその最たるものですが、こうした情報収集のチャネルとして、ママ友ネットワークは本当に役立ちます。なるべく早い時期に、なるべく自分にとって参考になる情報を持っている属性の人に会えるところに、出かけましょう。

これはネットワーク理論の「弱い紐帯の強み」(The strength of weak ties)*58で説明が可能です。これは情報の伝達において、濃い関係の人(strong ties)よりちょっとした知り合い(weak ties)のほうが価値ある情報をもたらすという理論です。

具体的にいうと、濃い関係の人は自分と持っている情報に重複が多いため、あまり新たな情報をもたらしてくれる存在ではありません。一方、**ちょっとした知り合いの人は情報の重複が少ないため、自分にとって新たな情報をもたらしてくれる可能性が高い**のです。ゆえに情報の探索においては、ちょっとした知り合いのほうが有益だ、という理論です。ママ友とは、まさにこの「ちょっとした知り合い」ネットワークなのですね。

もちろん気が合う人とは濃い関係にもなりますが、**ママ友の本質的な価値はこどもを介してのネットワークであり、情報伝達経路です**。このネットワークが豊かであればあるほど、子育てはラクになりますし、有益な情報も得ることができるでしょう。復職後に活躍しやすい環境を手に入れるためにも「ちょっとした知り合い」をたくさん作っておきましょう。

私が立ち上げた「育休プチＭＢＡ」勉強会も、この「ちょっとした知り合い」ネットワークの形成を意識していますので、もし身の回りにネットワークを作る機会がない人は参加を検討していただければと思います。

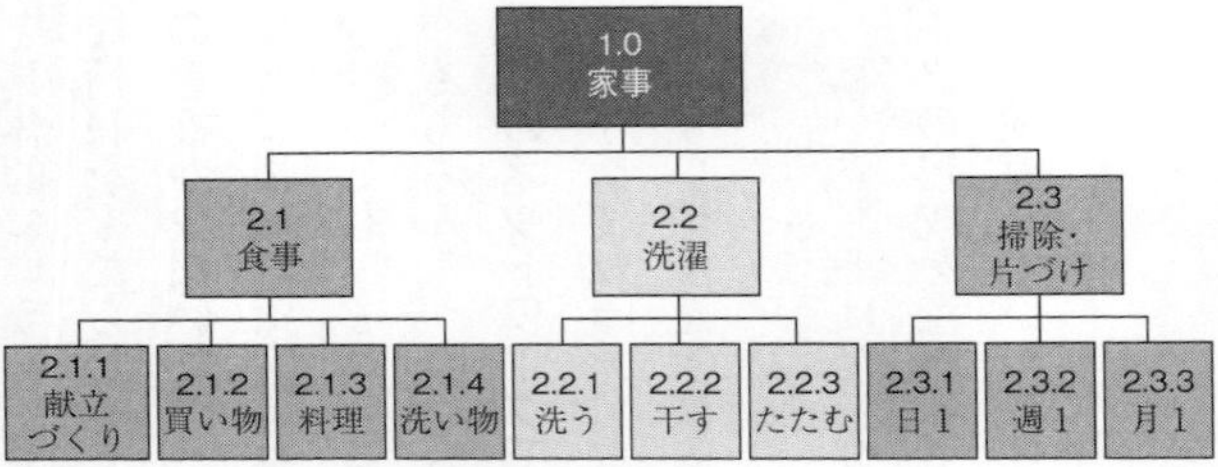

図6－1：家事の作業分解図（筆者作成）

家事の効率化とプロジェクト・マネジメント

仕事をしながら育児をしていると、家庭で過ごす時間も常に限られてきます。限られた時間を効果的に使うためには、家ではなるべくこどもと触れ合うために時間を割き、それ以外の時間は徹底的に効率化したいところです。家事はその最たるものと言えるでしょう。

家事の効率化に際して役に立つのが、プロジェクト・マネジメントの知識です。[59]

まず、**作業分解図**（図6-1）を利用して、**家事にまつわるもろもろのタスクを可視化します。**ポイントは、**「やっているタスク」を洗い出して整理するというより、「やるべきタスク」をロジカルに上から要素分解していく**ことです。

次にそれぞれの分割した最小単位のタスクごとに、対策を考えていきます。私がここでポイントだと思うことは3つです。

1つ目。**家事プロジェクトのゴールを定め、それをベースにこだわるところと徹底的に合理化を進めるところを明文化しておきます。**時間と手間をかけるところを決めておくと、「できないのではなくて、やらない」という感覚になり、手抜きに罪悪感を抱かずに済むという効果があります。ゴール設定はタスクの優先順位を決めますので、現実的なものを設定しましょう。「家事を完璧にこなす」と「こどもに機嫌よく接しながら家庭を回す」では全く別のプロジェクトになります。

2つ目。調達可能な人的資源にタスクを配分していきますが、どうしても妻にはタスクが集中しやすいため、妻が担当するタスクはあえて最後に決めます。**全てのタスクでまず「夫の担当タスクにできないか」を検討し、できないもののみ妻が拾うという順で考える**と、タスクの可視化が進むだけでなく、「やらなくていいタスク」が選別されたり、量的にも気持ち的にも不公平感が減ります。

3つ目。入手可能な人的資源が十分でなければ、アウトソースを検討します。家電を導入したり外注が増えたりするため、自分で全部やるときに比べて当然お金はかかりますが、近視眼的に目の前の出費だけを考えてはいけません。ここにお金をかけることで、仕事を辞めたり時短勤務を選択したりせずに済みますので、数万円の家電購入や家事代行のコストで数百万円の年収を維持していると考えるべきなのです。**家事を全て自分でやるために時短勤務を選ぶのではなく、フルタイム勤務を続けるためには家事を一部外注する**、と考えてみてはいかがでしょうか。

†わが家の家事の作業分解図

わが家の具体例を少し紹介しましょう（図6-1参照）。私は2.1の食事を「手間をかけるところ」と決め、その分苦手な2.2の洗濯や、2.3の掃除・片付けは手抜きか外注で対応すると決めました。ただし食事もこだわるのは「2.1.3　料理」だけで、それ以外は可能な限り合理化を進めました。

例えば「2.1.1　献立作り」は、週末に1週間分のメニューを考えます。自分の仕事の予定を見ながら献立を考えるので、この日は遅くなりそうだからお寿司を買って帰ろう、この日は時間がありそうだからちょっと手の込んだものを作ろうという全体のバランスで考えられ、結果的に手抜きが目立ちません。

「2.1.2　買い物」は食材の宅配サービスを使っています。仕事をしていると週末にしか買い物へ行けませんが、子連れで1週間分の食材をまとめ買いするのは大変です。そこで、ネットスーパーに切り替えることにしました。食材一つ一つの値段を考えると少し高いのですが、空き時間にスマホ一つで買い物ができ、自宅まで届けてもらえるので、お金で時間を買うサービスだと捉えています。

「2.1.4　洗い物」は食洗機フル活用です。洗い物にかかる時間は手洗いより長いけれど、自分の手が空いてこどもと遊ぶ時間が生まれることが食洗器の価値だと考えています。

「2.2　洗濯」は、「2.2.1　洗う」「2.2.2　干す」までは、全自動洗濯乾燥機を導入することで解決しました。「2.2.3　たたむ」に関しては検討の結果、「たたまない」ことにしました。しわにならないものは各々の「洗い終わった洗濯物入れ」に入れるだけ、しわになるものはハンガーに干して、乾いたらそのままクローゼットに突っ込むだけです。

「2.3　掃除・片付け」は私にとっては一番苦手な家事ですので、「掃除へのモチベーションが低くても回せる仕組み」を考えました。ロボット掃除機のルンバを購入して「2.3.2　週1」で使います。そのうえで「2.3.1　日1」で、気が付いたところをさっと掃除できるように（しかも低いモチベーションで）、すぐ手の届くところに使い勝手のいいコードレス掃除機を設置しておきます。そして「2.3.3　月1」で、家事代行を頼みます。定期的にキッチンと水回りがピカピカになるとイライラも一掃され、気持ちに余裕が出る分、こどもにたくさん絵本を読み聞かせたりできます。

†病児対策とリスク・マネジメント

育休から復帰して1年目、多くの人は「仕事がある日の突発的なこどもの病気」による欠勤に悩まされます。個人差はありますが、わが家のこどもは最初の1年はほぼ毎月熱を出して保育園を休んでいました。夫は県外で単身赴任、実家は遠方なので、こどもに何かあったときは私が対応するしかありません。

私は一度、絶対に休めない仕事の日に朝から高熱を出されるということがあり、こどもの体調の心配と仕事上の信頼を失う不安が相まって、本当に怖い思いをしました。それ以来、**こどもの病気対策は、自分の仕事のリスク・マネジメントだと考えて対策しています。**

経営学で言うリスクとは、「組織に損害を与える可能性」のことを指します。**リスクとは危険性ではなくて「可能性」なので、顕在化した時の損害を最小限に抑えることがリスク・マネジメントの目的です。**あらかじめ対処することで、リスクに怯えて消極的な姿勢になることを避けられます。リスク・マネジメントとは、リスクと上手く付き合うための知識と言えるのです。

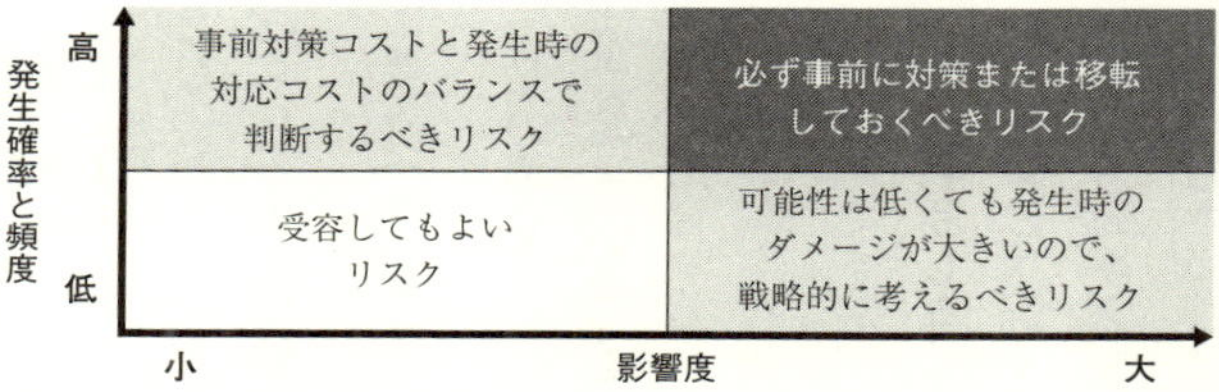

図6－2：リスクの分類（筆者作成）

リスク・マネジメントでもっとも力を注ぐべきところは**「リスクの洗い出し」**です。まずは起こる可能性のあるリスクを一度、全て洗い出します。「想定外のリスク」が一番損害になりやすいので、ここで洗い出すことで「想定内のリスク」に転換するのです。

次に、洗い出した**「リスクの分類」**をします（図6-2）。実際にリスクが顕在化したとき、どんな損害があるかを考えます。これは「リスクが発生する確率や頻度」と「発生したときの損害の影響度」の2軸で評価しますが、マネジメントの観点では発生確率よりも影響度を重視して分類します。

そして、**それぞれのカテゴリーごとにリスク対策を選択し、実施します。**対策の選択肢は、リスクが顕在化する要素そのものを取り除く**「回避」**、何も対策をせず顕在化した時点でその都度対策を考える**「受容」**、リスクの発生頻度と影響度を小さくする**「対策」**、保険をかける**「移転」**があります。*60

例えばこどもの病気による欠勤という観点だと、仕事そのものを辞めてしまうのが回避、事前には何もせず毎回こどもが病気になってから打ち手を考えるのが受容、こどもが病気になったときの対策をあらかじめ決めておくのが対策、病気になったら親や病児保育に預けられるように備えておくのが移転です。そしてこのプロセスは定期的に見直します。

†「想定外」を「想定内」に変える具体策

私の場合、いつも1か月ごとに、A「何かあったら在宅勤務に切り替える日」と、B「重篤《じゅうとく》でないかぎり休まない日」とに、予定を分けます。そしてAは「受容」、Bの日は夫や病児保育サービスなどで「移転」できるように備えます。あとは発熱したら、AとBのどちらに該当する日かによって機械的に対応します。こどもは深夜に発熱することも珍しくないのですが、あらかじめ対策を決めてあるので忙しい朝に慌てずに済みます。

毎回判断しなくて済むよう前倒し判断にして、休むかどうかの判断基準をこどもの体調より仕事の状況で決めるようにしました。例えばちょっとこどもの調子が悪いなと感じたとき、今日がAで明日はBなら、今日のうちに休んでこどもを家でみて、少しでもこどもの体力を回復させます。感染症など1週間ほどの長引く看病になるときは、Bの日だけ自宅でみてもらえる病児シッターさんを手配して出勤します。あとは**普段から職場でチーム体制を組んだり人を育てたりして、Bの日をAに転換する努力をしています**。普段から休まないように備えていると、いざというときに「どうしても休みたい」という相談も受け入れられやすくなるように思います。

休むか休まないかを白黒で考えるのではなく、ニーズを細分化して細かく対策することで、わが家の場合、仕事に支障を出さず病気のこどもにも寄り添うことができています。そして2歳を過ぎると、目に見えて病気の回数が減りました。リスク対策は1、2年のことだと割り切って、お金を使うのもありではないかと思います。

リスク・マネジメントは、うまく対処すれば結果的に信頼が高まるということもあります。初回は失敗して信頼を失ったとしても、ちゃんと再発防止策を講じて、次に同じことがあったとき適切に対応できれば信頼は回復します。

†定時に帰るためのロジックツリー

私は、出産を機に17時半退社に切り替えました。いわゆる、定時退社のフルタイム勤務です。以前は毎日残業をしていたのですが、**育児によって生まれる就業時間の制約を受け**

入れると覚悟を決めた瞬間から「制約の中でどう成果を出すか」という思考に切り替えました。

「できるかできないかではなくて、どうすればできるか」という頭の使い方をするようになると、高い生産性で働けるようになりました。「はじめに」で書いた「出産後にパフォーマンスが上がる」ということを実感しています。

しかし、「フルタイムにしてしまうと定時退社はできない」という声をよく聞きます。そこで、どうすれば定時で退社できるかを整理してみました。この時に生きたのは、ロジカル・シンキングのMECEという考え方とロジックツリーです。

MECEとは、Mutually Exclusive and Collectively Exhaustive（モレなくダブリなく）という考え方です。相手に意見を伝えるとき、その根拠や方法にモレやダブリがあると、理解させたり説得したりすることは難しいため、必要な要素をモレなくダブリなく洗い出すためにはこのMECEを意識することが有効なのです。

定時退社をするために必要な要素をMECEで洗い出すと、「定時内で仕事を終わらせること」「定時外の突発事項への対策をすること」は基本として、加えて「定時に帰っても文句を言われないようにする」も必要ではないかと思いました（図6-3）。

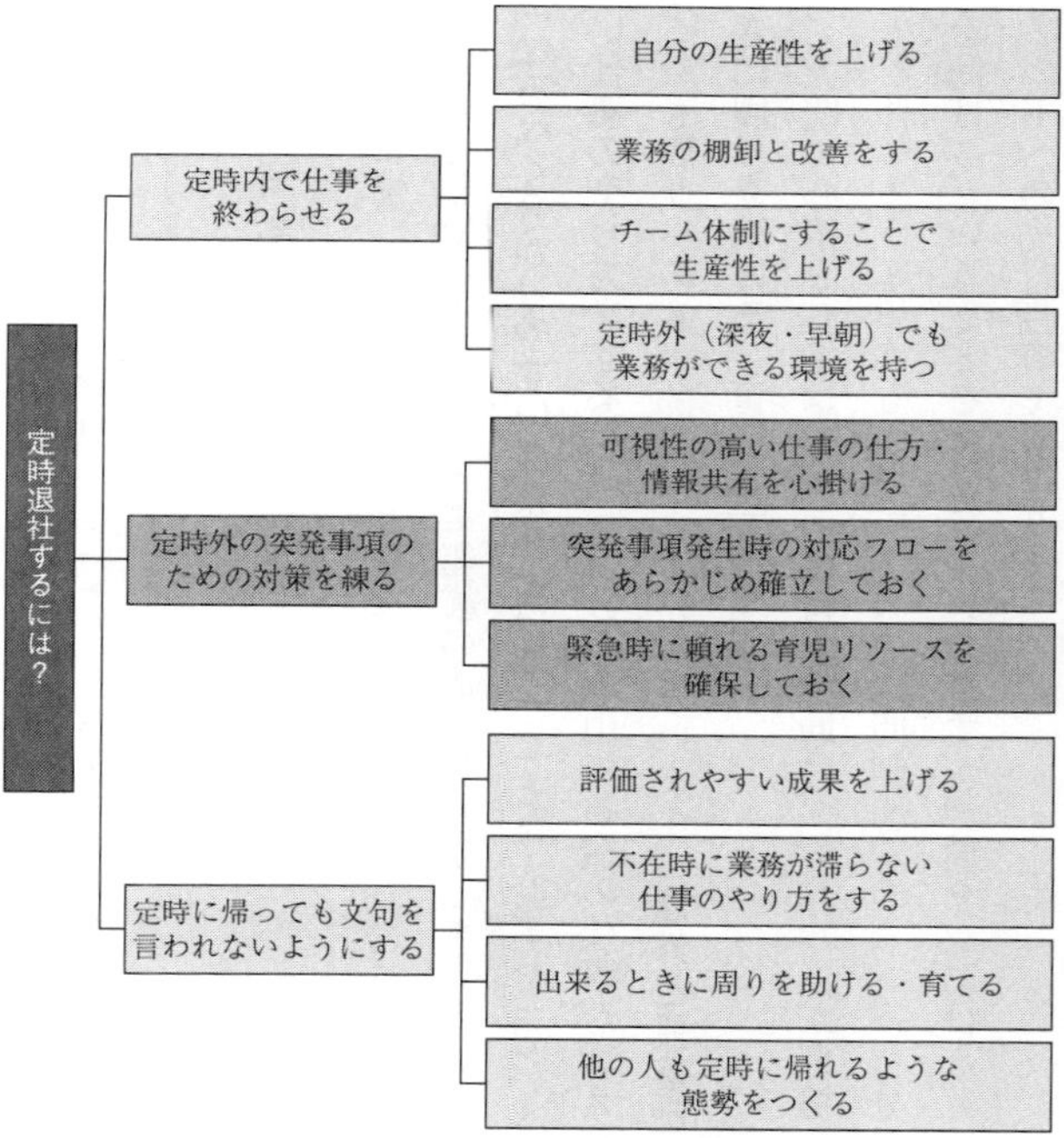

図6－3：定時に帰るためのロジックツリー（筆者作成）

組織を管理する立場から考えると、子育て中の社員が定時に帰ること自体は別に問題があるとは思わないのですが、その人が定時に帰ることで他の人の負担が明らかに増えたり、組織の中に不公平感が漂って部署のモチベーションが下がったり、となるのは非常に困ります。そのうえ当人が「こどもがいますから当然ですよね」というメッセージを送りながら帰っていくと微妙な空気が漂うのは避けられません。それならば、定時に帰っても周りが困らないような業務の進め方さえすれば、定時退社自体は気にされないだろうと考えたのです。

†周囲のため、自分のための解決策

定時に帰っても文句を言われない状態をつくるために解決策を4つ考えました。

きちんとやることをやって組織の成果に貢献している人はあまり文句を言われないので、**「なるべく分かりやすい成果を上げる」**ことは大事だと思います。**「不在時に業務が滞らない仕事のやり方をする」**は、自分が理由で組織の仕事が増えないようにするための工夫で、これも周りへの基本的なマナーかと思います。**意外と見落とされているのが、「できるときに周りを助ける、育てる」です。**

人間の心情としては、以前に自分を助けてくれた人が危機の時には、今度は自分が手を差し伸べようと思うものですよね。時間制約があると、自分の担当範囲を越えてまで誰かを助けるということを考えにくいのですが、周りを助けるという行為は自分のセーフティネットへの先行投資でもあります。

困っているのに誰も助けてくれないという状況は、この投資をしていない場合に陥りやすいのではないかと思うのです。さらに、**自分が定時に帰るだけでなく「他の人も定時に帰れるような態勢をつくる」ことが出来れば、周りに感謝すらされるようになります。**

自分にとって負荷はそれほど大きくないけれど、周りには喜んでもらえる貢献の方法を見つけて、積極的に拾っていきましょう。出社時間に縛られない手配系を引き受ける、独身若手が嫌がりがちなタスクを引き受ける、部署横断的な勉強会を企画して問題を共有する、などが周りで見聞きする事例です。

ぜひ知識を武器にして、賢く両立させてください。

第７章
女性が活躍する会社にしか未来はない

次世代の「あたりまえ」をつくるための半径5メートル

本書では、女性の活躍が望まれながらもなかなか実態が伴っていないという事実、そして原因はミスコミュニケーションが生まれる構造であるということを説明してきました。女性の活躍という話をするとき、その「活躍」の中には「能力で社会を支えること（働く）」と、「子孫を産み育てること（育児）」の2つの意味が含まれます。多くの場合、この2つを両立することを女性に期待しています。

働くことと育児をすることを両立したいと考えている女性が多いことは、これまでに説明してきた通りです。日本社会は「男は会社、女は家庭」と、性別による役割分業を進めることで社会を円滑に動かしてきましたが、2018年の今は、男性でも家庭での役割を担いたい、女性でも会社での役割を担いたいと考えている人が増えてきています。**これからの社会は、性別による役割分業ではなく、能力による役割分業へと自然に移行していくでしょう。**

ただ、過渡期の今は、様々な問題や矛盾をはらんでいます。問題が特に表面化しやすいのが、働きながら育児をする女性のいる職場です。そうした職場で問題が起こったとき、当人や周りの人は「その女性が悪い」と考えがちです。本当は、女性が悪いのではなく、こうした女性が問題になるような職場環境に真の原因があるのです。

アンパンマンとばいきんまん、あるいは水戸黄門と悪代官のように、「問題は誰かの悪意の結果である」「悪意をもつ個人を退治することが問題解決になる」という構図がフィクションの世界ではたくさんあります。

こうした個人の意地悪で皆が困るという構図は、実際の社会でゼロではないけれど、そんなに多くはありません。それよりも、**個人の力ではどうしようもないことが積み重なって、または個人が無関心であることが積み重なって、構造として問題が発生していることのほうが多い**のです。女性を取り巻く状況も同じで、悪代官のような悪意をもった個人が意地悪から邪魔しているわけではなく、善良な個人間のミスコミュニケーション構造によって、問題が生まれています。

問題は個人ではなく構造にあるので、悪代官に考えを改めさせるというやり方では解決しません。社会のいろいろな役割を担う人たちが、自分の次の世代のことを考えてそれぞれの半径5メートルを変えていくことで解決します。

本書を読んでいるあなたが自分の半径5メートルを改善すれば、問題の再発を止め、次の世代に負債を残さずに済むかもしれません。次の時代の「あたりまえ」を作るのは、他でもないあなたなのです。

†既存のルールに不満があるなら、ルールを作る側に

もし、あなたが働きながら子育てをしているならば、現在の社会や組織の仕組みに多くの不満を持っているかもしれませんね。保育園の入りにくさ、仕事をしながら妊娠、育児という生活の中では、数多くの不便と直面していることと思います。

働きながらの育児は、やはり大変です。こどもが病気になったときは、本当に働き続けるべきかどうか、迷いが出ると思います。

でも、あなたが意識しているかいないかは分かりませんが、あなたは今、先輩女性たちが戦いながら勝ち取ってきてくれた権利の恩恵を存分に受けています。女性が男性と同じように働く権利を与えられたのは、わずか30年ほど前のことです。まして育児休業が当たり前のように取得できるようになったのは、ここ十数年のことです。

それまでの女性の多くは、こどもを諦めるか、仕事を諦めるかの選択を迫られていました。あなたは「働きながら育児をする」ことに困難を感じているかもしれませんが、先輩

たちはそもそもその選択肢すら与えられていなかったのです。

あなたの今の状況は先輩たちが「手に入れたいと望んでいた未来」です。まずは、その恩恵を十分に享受していただきたいと思います。**その上で、恩恵を享受するだけに留まらず、次世代のために明るい未来をつくる側にあなたも加わってください。**

社会や組織を直接的に変えることができるのは、意思決定者です。社会や組織の意思決定者とは、政治家であり経営層や管理職です。

あなたが活躍するということは、意思決定者側になるということであり、社会や組織を直接的に変えることが出来るポジションに就くということです。どうか、活躍してください。次世代が生きやすい方向に意思決定をしてください。

†手間と愛情の「呪い」を捨てよう

仕事をしていることで、自分の親がやってくれたようにこどもに手をかけられないという罪悪感を抱いている方もいるかもしれません。食事を手抜きしたり、部屋が片付いていないことを恥ずかしく思ったりするかもしれません。

親が育児をしていたころと、今の社会はかなり変わっていますし、こどもが育児をするころには社会はもっと変わっているでしょう。もし、あなたの母親がやってくれた昭和の育児スタイルを繰り返せば、自分の娘もそれを受け継ぐし息子はそれを妻に求めるようになるでしょう。

古い価値観を受け継がされる未来のあなたのお子さんが、何十年後の日本社会で幸せに暮らせるでしょうか？　あなたがもし、自分の母親と同じくらい手をかけなくてはいけない、家事は完璧にやらなくてはいけないと考えていると、それは無意識に自分のこどもにも同じことを強いる「呪い」になります。

呪いは自分のところで手放して、こどもたちに引き継がせないようにしませんか。そもそも、かける手間と愛情の量は比例するものではありません。海外の母親は毎日キャラ弁を作りませんが、彼女たちのこどもにかける愛情は日本の母親よりも少ないと思いますか？　そんなことないですよね。どうか、**手間や時間が愛情の指標になるような価値観から、次世代を解放してあげてください。**

家事を手抜きしても堂々としてください。**家事なんて家電やアウトソースでなんとかして、それで生まれた時間をこどもと向き合う時間にあてませんか。**

†〝活躍〟しなくても、続けること

活躍したいと思っていても、不本意ながらマミートラックに乗ってしまっている人もいるかもしれません。他人に期待されないというのは辛いことですね。辞めたほうが楽かな、ぶら下がったほうが楽かな、という気持ちがよぎってしまうのは仕方がないことかもしれません。

でも、どうかもがきをやめないでください。**現状で満足していない、もっと期待をかけてほしいという声を上げることをやめ、本格的にぶら下がってしまうともう元の道に戻る手段がありません。**

だから、抗うことを止めないでください。先人たちが苦労して作った道を、簡単に手放さないでください。もしかすると、今うまく結果が出ないのは、戦い方を間違えているからかもしれませんので、戦い方を少し変えてみましょう。相手の立場に立って考え、どのような交渉材料やロジックが刺さりそうなのかを今一度考え直してみてください。

また、社内に限らず社外でもいいので、もがく気持ちを互いに支え合える仲間を見つけてください。人はそんなに孤独には強くないので、独りで戦わないでください。

活躍とまではいかなくても、こどもを持っても働き続けている人が社会に少しずつ増えていけば、それが次の世代のあたりまえになっていきます。こどもができても仕事を辞めずに済むと思えるだけでも、大事な次世代への財産です。それに**働く親の背中は、こどもにとって最高のキャリア教育です。**

おそらくあなたのお子さんが就職する頃には、共働き家庭がもっと増えています。**働くとはどういうことなのかを小さな頃から見ているお子さんは、働くことをポジティブに捉えることと思います。**また就職活動の相談を、先輩社会人のあなたにするかもしれません。あなたが仕事を続けることは、次世代の選択肢を増やすことにつながります。

あなたが働いていることで、あなたの会社だけでなく、あなたのパートナーや父親に影響を与えられます。今、女性が活躍できる職場環境を作っている男性管理職の多くは、働く妻や娘を持っている人です。育児をしながら働いたり、苦労したりしている女性を身近で見ていることで、自分の職場も働きやすくしなくてはという意識が働くのです。残念ながら、あなたの会社は変えられないかもしれませんが、あなたのパートナーや父親の会社は変わる可能性があるのです。

身軽なうちに経験貯金を

もし、あなたがこれから就職する学生ならば、まず就職する会社を選びましょう。両立のしやすさは、職場環境に大きく左右されます。育休制度をはじめとする制度が整っているかどうかではなく、それをどれくらいの人が実際に利用しているのか、制度を利用して復帰した人が活躍しているかどうかを調べましょう。

育児をしながらも仕事で活躍している女性は意外とたくさんいます。そして、**育児と両立できない会社に人が集まらないとなれば、会社は職場環境を変えざるを得ません。**あなたが会社を選ぶことが、社会を変えることにつながるかもしれません。

とはいえ、働きやすさだけを重視して職を選んでしまうと、大学で身につけた知識を活かして社会に貢献する喜びを味わえないかもしれません。また親御さんの就活に対するアドバイスは、あなたへの愛情があってこそのものなので感謝すべきではありますが、親御さんが経験した過去の就活情報に基づいており、最近の社会事情を反映していない場合があります。

親御さんが就活をしていた時代は、アイフォーンなどのスマホは世の中に存在しておらず、山一證券やリーマン・ブラザーズ、日本航空が倒産したり、パナソニックがリストラしたりする未来を予測できませんでした。そうした時代背景に基づいたアドバイスにどこまで耳を傾けるべきかは、自分の頭で判断しましょう。

そして晴れて社会人となったら、結婚や出産をする前の身軽なうちに、なるべく仕事の経験と信頼を貯金しておきましょう。若いうちに積み重ねた経験は、年を重ねてからの財産となります。**あなたの仕事ぶりをちゃんと評価してくれる同僚やお客さんは、あなたのライフステージが変わったからという理由であなたへの信頼を下げたりはしません。**こうした仕事上の信頼関係には、身軽でなくなった時にとても助けられるはずです。

だから、若いうちに頑張っておきましょう。こどもを産むためには、体調管理も大事です。こどもが欲しくなったときに産めるように、定期的に婦人科検診は受けましょう。

また、育児をしながら仕事をするためには、パートナーの協力は欠かせません。パートナーは自分のキャリアを応援してくれているか？　応援してもらうためのコミュニケーションをしているか？　を考えてみてください。その答えがイエスのときが、「産み時」だと思います。

自己投資はあなたを裏切らない

ある調査で、女性が昇進に対して抱く不安のうち、管理職という役割を全うできるのかという自分の能力に関する不安が大きいと出ています。[*61] 必要な行動を自分が成功裏に行うことができる、自分には十分な能力があるという自己評価ができれば、この不安が低減されると言えます。

この自己評価のことを「自己効力感[*62]」といいますが、これを醸成する手段としては遂行行動の達成、代理経験、言語的説得、生理学的状態の4つの手段があると言われています。[*63]

具体的に言いましょう。業務上で小さな達成経験を積み重ねることで、だんだん大きなことにチャレンジする自信を持てるようになります。社内外で自分の仕事と近いことをやっている他者を観察する機会を持つことで、自分でもできるのではないかと思えるようになります。上司や先輩からあなたなら大丈夫という声掛けをされることで徐々に自信がつきます。体調を整えることで前向きな気持ちになります。

また別の調査では、知識・技術を習得することが管理職への意欲の向上につながるということが分かっています。[*64] 知識を身につけることで、自分がその業務を適切に行うことができるという自己効力感につながっていると考えられます。

これらは上司や職場の理解が必要なものもありますが、小さな達成経験を積み重ねることと、知識を身につけることは個人でも可能です。職場の理解がないからできないと考えるのではなく、自分だけでできることはやってしまいましょう。

日々の業務の中から小さな達成経験を探して学びに変えていく、仕事に必要な勉強をする時間を作る、限られた時間内でタスクを遂行するための知識や能力を習得する、自分だけでなんとかせずにすむ育児資源（例えば民間のベビーシッターや病児保育サービス）を用意して、いざというときの離脱リスクを最小化しておく、という行動は今日からでもできます。

こうした行動を続けることで自信がつき、責任やタスクを引き受けるための積極性が生まれてくるのです。逆に言えば、不安を感じているのは、単に自分への投資を怠っている結果なのかもしれません。

†未来に不安を感じているすべての人へ

未来への不安は、この先どうなるのかが分からないから生じてしまうのではないでしょうか。「未来がどうなるか分かる」ことはこの先もありません。つまり、未来は不確実であるという前提で、今を過ごすという以外に選択肢はありません。

不安を取り除くために必要なのは、「どんな未来になっても自分は何とか生きていける」という自分に対する自信です。自信を持つためには、勉強しましょう。

あなたが不安なのは、あなたが成長していないからかもしれません。自分が成長しているという実感や、これからも成長できるだろうという確信は、あなたに自信を与えてくれます。だから勉強しましょう。自分に投資しましょう。社内外のネットワークを持ちましょう。

未来に対して受け身でいると未来に翻弄《ほんろう》されるような気がして不安が増幅しますが、「未来は自分でつくるもの」という感覚を持てるならば話は別です。不安から逃れたければ、未来をつくる側に立ちましょう。

次の世代によりよい社会を渡したいと行動する人が増えれば、皆が未来に希望を持てるようになると思います。

終　章

「キャリア格差」を乗り越える

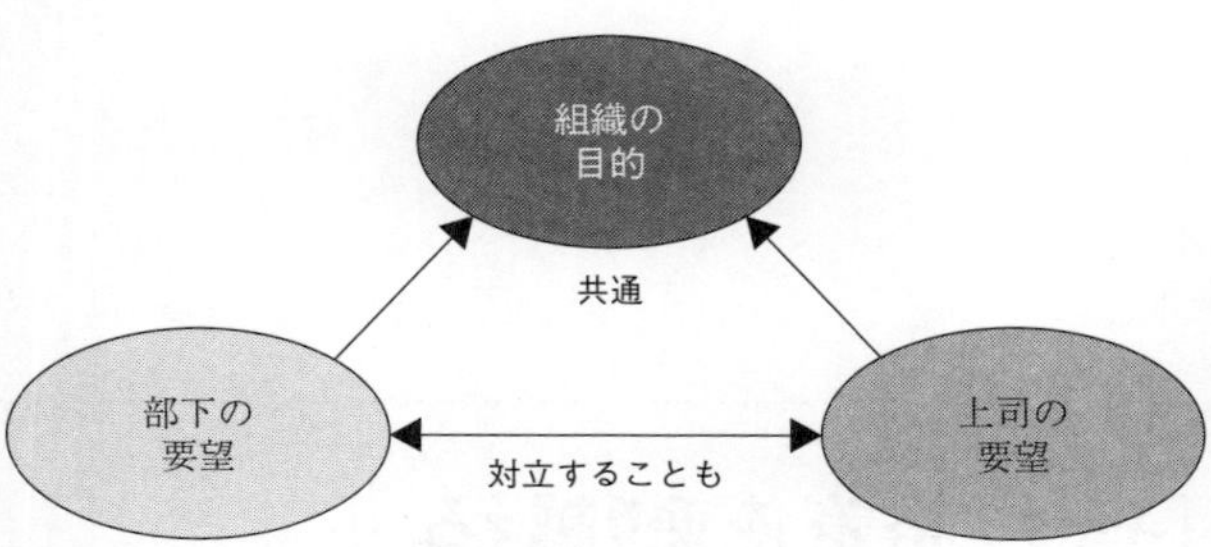

図8－1：組織の目的は共通する

†必要なのは才能ではなく学ぶこと

これまで、女性にまつわる問題の多くがミスコミュニケーションの結果であること、女性の活躍が社会に求められていることを説明してきました。

女性部下と男性上司とは、構造的にミスコミュニケーションが生まれやすく、お互いの立場を主張するやり方では対立することもあります。しかし、**両者が自分の要望ではなく、一段上の共に所属する組織の目的達成という視点に立つと、共通点が見出せます**（図8-1）。

この視点で物事を考えるのが「マネジメント思考」であり、双方の利害が一致する落としどころが見つけやすくなるのです。**部下と上司は、本来ならば組織の目的を共に達成することを目指すチームであるべきです。**組織の目的達成に貢献する部下を、上司が冷遇することはありません。

このマネジメント思考は、効率的・効果的な業務遂行につながりますので、組織で働く全ての人が身につけることをおすすめします。ビジネススクールでも、個々の経営技術を学ぶこと以上に、経営者目線というマネジメント思考を身につけられることがその本質的な価値であると私は考えています。

マネジメント思考を身につけるためには、ビジネススクールが効果的ですが、現実にはハードルが高い人もいます。思考トレーニングのためには反復的に受講する必要がありますが、そこまでは現場を離れられない人も少なくありません。社内の教育研修が充実していない会社もあります。

こうした課題を踏まえ、私は、育休という現場を離れざるを得ない期間を利用してマネジメント思考を身につける機会があればいいのではないかと考え、「はじめに」でも紹介した「育休プチＭＢＡ」勉強会を立ち上げました。

今では、育休中以外の方にも門戸を開いたワークシフト研究所の「プチＭＢＡ」セミナーも提供しています。こちらはより専門性の高い内容を学べるようになっていますが、「育休プチＭＢＡ」勉強会を通じて蓄えた女性向け経営トレーニングの知見を活かした内容になっています。

さて終章では、育休中に「育休プチMBA」「プチMBA」でマネジメント思考を学んだ人たちは復職後にどのような変化があったのか、具体的な事例を通じて紹介したいと思います。

事例1の梨子本《なしもと》さんは、マネジメント思考を習得したことで、自分のプロジェクトよりもさらに高い視点で物事を俯瞰《ふかん》し、積極的に動くようになっています。事例2の水溜《みずたまり》さんは、上司目線で積極性ややる気を感じさせるコミュニケーションの方法に切り替え、組織全体の最適を考えて動いています。事例3の白田さんは、自分目線ではなく上司の目線で考える視座を身につけたことで、上司との信頼関係を築けるようになりました。事例4の辻さんは、組織全体から見た自分の役割を自覚したことで、リーダーシップを発揮しています。

本章で紹介する4人の女性たちは、育休中の学びを活《い》かして復職後に自分の意識や行動を変えたことで、上司との信頼関係を築き上げ、育児と両立しながら自分らしく働いています。「マネジメント思考」に支えられた自分らしさによって、制約にかかわらず人材としての付加価値が高まり、組織に必要とされる人になっていくのです。

事例1：受け身ではなく、自ら仕事をリードするように

ファイザー株式会社ポートフォリオ・プロジェクト・マネジメント部所属の梨子本紫保さんは、現在の上司である荒川明雄さん（ポートフォリオ・プロジェクト・マネジメント部プロジェクト・マネジメントグループ1部長）の部署に異動して半年後の2014年に第2子の育休に入りました。育休の間に「育休プチMBA」勉強会に参加し、翌年4月にフルタイムで復職しています。復職後1年7か月ほど経った頃に、育休前と復職後の現在を比較しつつ荒川部長にお話を伺いました。

【上司】荒川部長の話

「（育休前と比べて）意欲がすごく高くなったと感じています。向上心が強いということも分かるようになりました。知識の習得やスキルアップ、将来的な管理職への昇格など、本人のキャリアプランが明確で、将来に向けてどうしていきたいか、何を伸ばしていきたいかはっきり言ってくれるので、上司としてはサポートしやすいですね。

梨子本さんはプロジェクトのリスクやその対策を議論する場を設けたり、会議で何を

決めなければならないのかを明確にしたりと、チーム内外の関係者とのコミュニケーションをリードしています。意識が高くないとこういう積極的な行動は取れません。彼女はもともと優秀なうえに意識が高まったことで、仕事に対するオーナーシップが強くなっていることを感じます。

また、梨子本さんは他のプロジェクトマネジャーにも参考になりそうな情報をグループ会議などで積極的にシェアすることで、お互いのスキルアップにも繋げてくれています。視野が狭いと自分のプロジェクトで起こっている問題を解決することに精一杯になってしまうのですが、視点を高く持っていれば、自分のプロジェクトで起こっている問題は他でも起こる可能性があるということが分かるようになります。ですから、梨子本さんは視点が高いのだと思います。他のグループや部門の人が困っているときも積極的にサポートしているし、経験は全部自分の力になると考えているのではないかな。

梨子本さんは基本的には定時に帰りますが、必要に応じて業務時間を調整してくれていますし、海外チームとの電話会議には夜に自宅から参加するなど、フレキシブルに対応しながらプロジェクトを回しています。私自身、梨子本さんが定時で帰るからそれに合わせたプロジェクトを任せようという意識はなく、梨子本さんのスキルやキャリアを考えて、適切だと思うプロジェクトを任せています。
仕事に対するモチベーションやコミットメントが強くなければ、与えられた役割の中で無難にこなそうという意識になってしまう。でも、意識が高ければ、自分のやるべきことを考え、さらにチームが高い成果を出すためにやるべきことは何かということまで考えるようになる。この違いは大きいと思いますね」

【部下】梨子本さんの話（第2子育休中に「育休プチMBA」勉強会に参加）

「ケースのディスカッションをしていく中で受け身ではいけないと気づき、**会社全体の視点から自分を見たときにどういう働き方を期待されているのかを考えるようになった**ことが大きかったと思います。目の前の仕事をトラブル無く済ませようと考えるだけではなくて、見えている範囲外のことも考えたほうがいいと思えるようになったのは、育休プチＭＢＡ勉強会があったからかなと思います。**今の仕事が他の仕事、将来の仕事にも影響する可能性があるという視点を持てた**のは大きかったと思います」

ファイザー株式会社は女性役員比率が25％という、女性の活躍という観点でも先進的な企業の一つです。その背景には、働きやすい職場環境はもちろんのこと、出産後も部下が能力を伸ばせるよう考えながら業務を任せている管理職の存在があることを感じるインタビューでした。

梨子本さんは育休中の学びを通じて、業務に対して受け身でいることは会社にとっても自分にとってもプラスではないということに気づき、先回りしてトラブルの可能性を封じるような動きをするようになりました。

限られた時間の中で働いていると、目の前の仕事だけにどうしても意識がいってしまいますが、梨子本さんは目の前だけでなく周辺まで見渡す、直接影響のない人にも困っているときは手を差し伸べるという行動をすることで、結果的に自分の仕事が楽になるだけでなく、いざというときにサポートをしてもらいやすい状況を自ら整えていると言えます。

同僚がいつも助けてくれないと感じている方は、まず自分が周りを助けるために行動してみるとよいかもしれません。

†事例2：意識が変わったことで、育休前より積極的に

株式会社朝日広告社統合マーケティングコミュニケーション本部マーケティングデザイ

ン局ストラテジックプランニング部所属の水溜弥希《みき》さんは、現在の上司である羽田康祐さん（ストラテジックプランニング部部長）の部署に異動して1年半ほど業務をこなした2015年に第1子を出産して育休に入りました。

約1年間の育休の間に「育休プチMBA」に参加し、フルタイムで同じ部署に復職。クライアントに対するコミュニケーション戦略を提案する業務に就いています。復職後5か月が経った頃に、育休前と復職後の現在を比較しつつ羽田部長にお話を伺いました。

【上司】羽田部長の話

「一言で言えば、たくましくなった。四半期ごとの面談でも、物言いがはっきりしてきました。この変化は、とてもプラスです。内側から出てくるやる気がないと、いくら外から言っても、結局は言われたことしかやらない。内側からやりたいっていう気持ちがあれば、時に僕の予想を超えたものを出してきますから。あと、キャリアの積み方の一つとして管理職も視野に入れたいですって言われたのも意外でしたね。もちろん、これもプラスです。やっぱりやる気があるのが一番ですから。

（「育休プチMBA」勉強会を見学して）びっくりしました。小さい赤ちゃんを抱えながらマーケティングや戦略を議論している女性というものを見て、こどもを持ちながら働く女性の見方が大きく変わりました。それまでは、**小さなこどもを持ちながら働く女性って大変だからとにかく配慮をしなくちゃいけないと思っていましたが、仕事を制限したり、いわゆる雑用みたいなものをお願いしたりすることが配慮だとは限らないなと思い直しました。**むしろ、時間は限られていても、責任ある仕事を任せてあげたほうが配慮なのかもしれない、と考えるようになりました。

夜遅くまで働くこと自体が、本来なら良くないことだと思います。遅くまで頑張っている人が偉い人じゃなくて、目的を達成するアイデアを生み出す人が偉い人っていう価値観に持っていくきっかけにならないかとは感じていました。水溜さんの復帰をきっかけに、長い時間働くよりも、仕事をできるだけ短く終わらせて、空いた時間を工夫に費やしたほうが質が高まる、そうすることが自社の競争力にも繋がることに気づいたというのは大きかったですね。

復帰してから定時で仕事を終わらせて帰るには待ちの姿勢では難しくて、ある程度は自分が業務をリードしたり、チームをコントロールしたりしないといけない。論理的に物事を考えて、チームを導いて、答えにまで落とし込んでいくっていう一連のスキルがあれば、定時でも高い質で業務を完了させることができる。それをやって定時に帰るなら、皆にとって有難い存在になります」

【部下】水溜さんの話（第1子育休中に「育休プチMBA」勉強会に参加）

「育休前よりも働きやすくなったと感じています。できない時はなぜできないのか、どうしたらできるようになるかをまず考えるようになりました。問題を分析して考えて、それぞれに対応策を考えて、どれが優先度が高いかまで考えて、行動に落とすことができるようになってきたと感じます。

仕事へのモチベーションは育休前も高かったのですけれど、それを示せていなかった、示し方が分かっていなかったと思います。やる気を示さないため仕事が来づらく、実践の場面が減るため能力が上がらないという負の循環にハマっていたのかなと今では思います。

残業ができない働き方を受け入れたことで、素直に人にアドバイスを求めますし、周りに教えてくださいと聞いて回ることも厭《いと》いません。コミュニケーションをとるようになったおかげでいろいろな情報も入ってきて、結果、冷静に物事を見られるようになってきたように思います。**できないなりにもがいている、イコール行動を起こしている、イコールやる気はある人と周りから見えるのではないかと推測します。**また、制約ができる前は、時間があるからいつかやろうと先延ばしにすることも多かったのですが、いまは本当にやりたいことはすぐにでも行動を起こさないと次は来ないという危機感がありまして、グリップする意志が強くなったのかなと思いますね。

「育休プチＭＢＡ」の影響は、１つ目は、長期的視点が得られたこと。中長期的に見て自分はどの能力を伸ばすべきで、短期的な評価が下がっても今は何をするべきかと判断できるようになりました。２つ目は、組織目線で考える癖がついたこと。仕事が成功するためにはどの役割をこなすべきか、何を準備しておくべきか考えることで、「今すぐ自分で成果を上げなければ」という間違ったプレッシャーから解放されました。組織への所属意識が高まったので、働くことも楽しくなりました。３つ目は、ケース学習による気づきの効果です。（復職後に失敗しやすい点も）指摘されるのではなく、事例を通じて自ら気づくことでインパクトがあります」

育休中にケースを通じて組織目線で考える習慣を身につけたことで、短期的な視点ではなく長期的な視点で業務の優先順位付けができるようになり、育休前以上に周りからの評価が上がった水溜さん。

まさに**「組織のビジネス上の方向性や目標を理解し、それを達成するうえでの自分の役割を分かっている」状態**です。こうした視点の転換に、ケースを使った教育法が合理的であることも語ってくれました。

女性は遠慮や自信のなさから、モチベーションが高いにもかかわらず表面化させない場合があり、まさに育休前の水溜さんもその状態だったようですが、残業ができなくなったことで、その課題を逆に克服しています。

復職後に補佐的業務を希望する女性は多いのですが、顧客との接点のある部署でも十分に戦力になれるという具体的事例になることと思います。

†事例3：自分目線から脱却したことで、上司の信頼を得る

CCCマーケティング株式会社人事部の白田静香さんは、上司である丹尾正和さん（人事部長・当時）の部署に所属している際に第1子を出産し、育休に入っています。1回目の育休から復職した後は丹尾さんの元で2年ほど業務をこなし、再び第2子の育休に入り

ます。

約1年間取得した2回目の育休では「育休プチMBA」勉強会に参加して、2016年10月に時短勤務で同じ部署に復職しました。復職後5か月が経った白田さんの様子について、丹尾部長にお話を伺いました。

【上司】丹尾部長の話

「一番の変わった点としては、組織というか、チームを意識して動いてくれているなと感じています。白田さんには人材育成・教育の部分の人事企画業務と総務業務を担当してもらっていますが、組織で仕事をしていると途中でいろいろな変更やトラブルなどが起こります。本来のポジション・役割とは違うけれどもその穴を埋めに行く、そうした動きを自らやってくれるようになった感じがします。視座が変わった、変えられるようになった、ということだと思います。**サッカーでいうと、自分の仕事を、一人のプレイヤーの視座で見るのではなく、監督の視座でも見られるようになった、**そういう人は頼りになりますし、任せられる領域がおのずと増えていきますよね。

今、会社の中で、女性社員に活躍してもらうためのプログラムを考えているのですが、彼女が中心となってそのプログラムに取り組んでくれています。現場の声をどういう風に企画にしていくか、というところで、個別のヒアリングやアンケートをやってくれたり、現場の生の声をできるだけ吸い上げようと自ら動いてくれています。物事って、視点によって捉え方が違いますが、育休前はそれを自分の目線だけで切り取っていることが多く、あとからこういう視点はなかったの、ああいう視点はなかったの、と指摘しなくてはならなかったのですが、2回目の育休から復職した後は、そういう指摘が明らかに減っている。自分なりに視点を切り替えられるようになり、アプローチが変わってきているので、その結果として任せられるところも増えているのだと思います。

あと、上司をうまく使えるようになりましたね。相談の仕方がうまくなりましたので、以前より安心して任せられるようになったと思います。彼女が企画してくれた、育休中の社員を子連れで招待して先輩ママ社員と交流するプログラムはよかったと思います。従来はそうした機会がなく、会社と育休中の社員とのミスコミュニケーションが発生していましたが、これから復帰する人は不安が多少減っているのではないかと思いますね」

【部下】白田さんの話（第2子育休中に「育休プチMBA」勉強会に参加）

「今回の育休中に、「組織の中の私が持つべき視座」を獲得したと思っています。なぜその視座を持てたかというと、ワークシフト研究所の「交渉」の講座で上司に安心感を与えなければその先はないということを学んだこと、そのためには具体的にどうしたらいいかというヒントをもらったことがきっかけです。育休前から課題は認識していたのですが、自分に説明能力や論理的思考力がないから分かってもらえないのだと思っていました。でも、伝わらないのはスキル不足ではなく、視座がないことが原因だ、と講座を受けたことで分かりました。実はスキルが大きく変わったという実感はないのですが、コミュニケーションの基本の考え方を学んだことは圧倒的に役に立っています。自分のやりたいことの前に、上司を安心させることをやろうと肝に銘じて復職しました。それをやらない限り先がないのだから、遠回りに見えても実は近道なのだと思えるようになりました。

復職後、丹尾部長と一緒に、役員とママ社員と人事部で座談会をする仕事を手がけましたが、学んだ知識を活かして認識合わせを丁寧に行いました。丹尾部長が1つのテーマに割く時間が少ないのは仕方ないから、その部分は自分がフォローするというスタンスを取りました。その結果、丹尾部長とのディスカッションが非常に建設的な雰囲気になり、一体感を感じました。**上司の信頼があるとサポートを得られ、サポートがあると仕事がうまく面白く回るのだと実感しました。**そしてこんな経験ができたことで、**他の社員より働ける時間が短くても挑戦的な業務を引き受けられる気がしてきました**」

上司から、視座が個人から組織になったことを高く評価されている復職後の白田さん。しかし白田さんは最初からそれができたわけではなく、2回目の育休に入る前は問題意識はあったもののどうすれば解決するのかが分からなかったとのこと。

それが育休中にマネジメント思考を学んだことで、課題はスキル不足ではなく、組織から物事を見る視座の欠如だと分かりました。この視座を獲得したことで、解決のためのヒントが得られ、上司との信頼関係を築いています。

しかし、この視座の獲得は一朝一夕でできるようなものではありません。こうした時間のかかる学習に取り組めるのも、育休中ならではだと思います。

†事例4：役割を自覚したことで、リーダーシップを発揮

スリーエムジャパン株式会社リーンシックスシグマ所属の辻綾子さんは、前上司の笹川逸郎さん（ディスプレイ製品事業部・グローバルマーケティング部長）の部署に所属して2年目の2015年2月から第2子の育休に入りました。

辻さんは育休の間に「育休プチMBA」勉強会に参加し、活動を支えるボランティアの運営チームにも参画しています。2016年5月にフルタイムで同じ職場に復職、その後笹川部長の勧めで会社の経営全般が見られる現在の部署に異動しています。復職後10か月ほど経った頃に、育休前と復職後の辻さんを比較しつつ笹川部長にお話を伺いました。

【上司】笹川部長の話

「復職後は判断が早くなりました。育休前は、「こういう状況ですがどうしたらいいですか?」というオープン・クエスチョンに近い相談が多かったのですが、**復職後は、具体的なアクションまで決めたクローズド・クエスチョンに仕立ててから私の判断を仰ぐことが多くなりました。**この変化は非常にプラスでして、自分で判断して物事を進める

ことで説明責任が大きくなりますし、スピード感も上がります。自分で判断しているが、結果はまだまだなのがレベル1、反論を予測することまでできているのがレベル2、反論への対策も済ませたロジックを組み立てて提案をしているのがレベル3だとしたら、辻さんの場合、もともとは1か2だったところが、育休から戻ってきたらレベル3になっていました。**意思決定の精度と時間が改善されていると感じます。**

復職後は辻さんの視野が広がっているな、俯瞰的にものが見られるようになっているなと思いましたので、さらに広い視野を身につけることができるポジションへの異動を勧めました。おそらく、育休前の辻さんだったらこれは勧めていません。

育休期間中の部下とコミュニケーションする場合は、報告するものがあって初めて、その質が上がると思います。「育休プチＭＢＡ」のような活動をしていると本人も報告したいでしょうから、コミュニケーションのための仕組みとして機能すると思いました。勉強会でケーススタディをやっているということだったので、ケーススタディに合わせたかたちで「今のうちの状態どう思う?」という質問と一緒に、資料を渡して読んできてもらうこともできました。**ゼロの状態で育休から戻ってくるのではなくて、勉強会がコミュニケーションの素地を作ってくれて、その状態で復職を迎えられた**ので、今回私はすごくありがたく、また、勉強会に参加することで復帰しやすいシステムになっているのだなと感じました」

【部下】辻さんの話（第2子育休中に「育休プチMBA」勉強会に運営チームとして参加）

「育休プチＭＢＡで学んだことや経験したことを自分の仕事に当てはめながら振り返る中で、自分の視点の低さを痛感しました。大局的に物事を捉えられていないと気づいて、**例えば部長だったらどうするかなとか、事業部長だったらどうするかなという見方の癖をつけないと、より良い仕事ができないと考えるようになり、以来意識しています。**視点が低いことによって得られる現場感覚もある一方で、いまの私は会社の利益を考えなきゃいけない立場になっているというのを強く意識したのは、育休中の学びがきっかけだと思います。育休前も分かってなかったわけではないのですが、自分ができていないことにちゃんと気づけた、腑に落ちたのかなと思っています

育休プチＭＢＡの運営チームでマネジャーの疑似経験をしたことで、たとえ判断が間違っていたとしてもそこまでやらないと自分の将来的な成長にならない、そういう経験を積み重ねていないとマネジャーのポジションにはなれないし、**マネジメント側はここ**

までを現場に求めているなと気づきました。チームの力を借りて物事を進めるという経験をたくさんさせていただいたので、楽しいしやりがいがあるし、自分にもできるという自信にもつながったのではないかと思います。育休中に会社目線を持たなくてはいけないということを叩き込まれていたので、スムーズに変われたというのもあります」

併せて、辻さんの現在の上司である仲山正紀さんにもお話を伺いました。

【上司】仲山部長の話

「辻さんが他のメンバーと違うところは、チームビルディングというか、人を巻き込もうという意識が高いことですね。実はこの前の土曜日も「うちでチームビルディング会をやりませんか？」と言われてメンバーで辻さんの家に集まりました。あと感心するのは、取り組み姿勢です。嫌がった顔を見たことがない。**上司からしたら、辻さんみたいにポジティブに「2時間後だったら手が空きますけどいいですか」と受ける前提で言ってもらうのと、「今日は時間がないのですみません」と言われるのとでは印象が違いますよね。**タイムリーなレスポンスや御礼メールも含めて、彼女と仕事をするのは心地良いと感じている人は多いと思います。私は子育て中の女性と働く経験が多くて、活躍してくれる人を何人も見ています。育休中の期間を活かして、財務とか組織論とか、経営の基本的なことを学ぶと良いのではないでしょうか。後は、もし本人が希望するならば、育休3か月目くらいから週半分くらい在宅で業務支援をするということがあってもいいのではないでしょうか。実務と接触がない期間が長くなると仕事の勘が鈍るので、定期的に会社に関わっていてほしいという気はします」

子育て中で時間がないにもかかわらず、周りを巻き込むことに時間を費やしている理由を辻さんに伺いました。

【部下】辻さんの話

「経営をサポートすることが私たちの部署の役割だと思っているので、そのためにはみんなでいろいろな情報や事例を共有して、もっと良いチームにしていく、お互いの成長を促進し合って個人としても全体としても強くなっていくことが必要だと考えています。

時間がないのは事実なのですが、時間がないからやらないではなく、やるためにどうす

るかを考えています。「育休プチMBA」の運営チームとして活動する中で、**自分がこういう行動をとると組織がこういう風に動くのだと学びました。**あとはケースディスカッションで勉強する中で、チームとして機能していない、コミュニケーションがうまくいっていないと問題になることが多いと肌で実感できたのも大きかったかなと思います」

第2子の育休前にも課題を感じていた辻さんでしたが、育休中に「マネジメント思考」を学び、その観点でこれまでの自分の行動を振り返った結果、上司が自分に期待していた役割や行動を理解していなかったことが原因だったと気づきました。**これまでの経験の棚卸や振り返りができるのも、業務を離れざるを得ない育休中だからこそです。**

復職後は、常に会社の視点で「自分は何をするべきか、何を求められているのか」を考えるようになったことで、上司の期待通りの行動がとれるようになり、その結果、マミートラックどころかより成長ができる環境への異動を果たしています。

残業は最小限にしつつ業務責任を果たすには、限りある自分の労働時間をどのように配分するかが重要です。辻さんは時間を使うべき業務の優先順位を上司目線や会社の方針から落として決めていますが、このやり方は育休復職者に限らず業務効率を向上させたいと考えている多くの人の参考になるのではないでしょうか。

何より、育児と両立させながら挑戦的な業務にチャレンジし続ける姿は、これから出産や復職を迎える次世代に希望を与えることと思います。

†現場を離れることを武器に変えるには

本章では、育休中の学びをきっかけに変わっていった4人の事例を紹介しました。彼女たちは、育休中に高いスキルを身につけたというわけではありません。**彼女たちが手に入れたのは、「新しい視点」や「意識の変化」です。**「育休プチMBA」勉強会によってマネジメント思考を身につけたことで、自分ひとりの視点ではなく上司や会社の視点で自らの立ち位置を捉えなおして行動を変化させた結果、育児と業務上の貢献を両立させ、残業をしなくても、上司に育休前よりも高く評価されています。

会社は教育機関ではないので、頑張っていること自体は評価の対象になりません。あくまで所属組織に貢献したかどうかで評価されます。

つまりマネジメント思考を身につけることで、上司の考え方が分かる、上司が評価するポイントが分かるようになるため、効率的な働き方ができるようになるのです。そして、効率的な働き方ができることで、働きやすさとやりがいが手に入ります。

女性である限り、出産の際はどうしても職場を離れざるを得ません。**しかし、職場を離れているからこそ、目の前の業務に忙殺されていないときだからこそ、できることもあるのです。**マネジメント思考のような少し時間がかかる思考トレーニングをする、これまでの業務経験を振り返って俯瞰する、普段の業務ではできない経験をする、これからの働き方を考える、業務や家事の効率化やチーム化を考えるなどです。**育児を優先しつつ、頭の片隅で仕事との接点を持っておくことで、職場外の経験が職場に活きるものになります。**

✝育休中の過ごし方で、人生が変わる?!

育休中の母親が自分のための勉強時間を持つことなどけしからん、こどもをないがしろにする母親が増えるのでは、と考える人もいるかもしれません。でも、育休終了後に育児と仕事の両立がうまくできるかどうかを不安に思うような真面目な女性たちが、こどもをないがしろにするとは思えません。

図８－２：「育休プチ MBA」勉強会の様子

また、勉強ができる状態なら、早く復職してほしいという声もあるかもしれません。しかしゼロ歳児のこどもはまだ手がかかり、数時間おきの授乳やオムツ交換も必要ですから、できることはどうしても限られます。特にハイハイが始まると目が離せませんので、本を読む、パソコンで作業をするということも簡単ではありません。

「育休プチＭＢＡ」勉強会では、ゼロ歳児の同伴を可能にすることで、こうした問題をクリアしています。常に乳児の世話を優先するというルール、乳児がごろごろできる環境、参加者が互いにこどもを見守り合う態勢があることで、ディスカッション中にこどもが泣いてもぐずっても、オムツを濡らしても、何の問題もなかったように進行していきます。ぐずる赤ちゃんを講師が抱っこしてそのまま続けることもあります（図８－２）。手が空いていれば周りを手伝うし、手一杯であれば周りに助けてもらう。

こうした環境であれば、こどもの世話と自分の学びが両立できます。育休中は職場を離れて孤独になりやすいのですが、ここでは同じように働きながら子育てをする仲間と出会い、支え合うこともできます。

ここで身につけたマネジメント思考が復職後に活きるということは、4つの事例で見てきた通りです。つまり育児を優先しつつも、復職に向けて準備をしながら過ごしさえすれば、育休はブランクどころか、上司との関係改善や仕事能力向上の機会となる可能性があるのです。

育休は、育児をするための休業期間です。ですが、**「育児だけをする期間」ではなく、「共働き育児生活へ適応する期間」と捉えて過ごすことで、スムーズな復職が実現でき、自分らしく働き続けることができるのです。**

おわりに　未来の「働く人」のために

†格差の原因は個人ではなく構造にある

本書では、女性は（実際に産むかどうかは別にして）妊娠・出産期の展望を抜きに仕事での活躍プランは描けないということ、現在はこの展望が極めて描きにくい職場環境になっているということをデータとケースで解説してきました。

職場の恒常的な長時間労働は、こどもが生まれた後に仕事を続けるための大きな障壁となります。そして日本の多くの家庭では家事育児タスクのほとんどを女性だけが担っているために、女性は出産を機に時短勤務やサポート業務へ転向したり、最悪の場合は離職したりといった調整行動で活躍の可能性を自ら放棄していきます。

こうした状況を、周囲は「女性は仕事に対する意識が低い」と属性の問題として捉えがちですが、本質的な問題は、育児との両立が難しい職場環境にあります。

この職場の問題を放置しておくことで、女性は自分の可能性を発揮しきれず、組織は貴重な人的資源を失っています。本書ではこのミスコミュニケーションの構造を分析し、解決策を提示することで、女性と組織の双方にとって望ましい職場づくりへの一端を担いたいと考えています。

くり返しになりますが、こどもを産む可能性があるという事実が、女性の意識に与える影響は小さくありません。しかし、すべての女性（男性）が子どもを持つべきだと考えているわけではありません。筆者の目的は女性に出産を促すことではなく選択肢を増やすことであり、この選択肢を増やすという観点で、「こどもを持って働く」だけでなく「こどもを持たない」という選択も世の中のあたりまえになってほしいと願っています。

†ふつうの人のための経営学

私は20代のころに通ったビジネススクールで、多くの経営理論を学びました。それらの理論やデータを学ぶたびに、会社員時代を思い出しては「こういう知識を持っていたら、実務がもっと楽にこなせただろう」という思いを強くしていました。アカデミックな知見を実務の現場に還元するために、企業研修のカリキュラム開発や講師を手掛けるようにもなりました。

経営学を学ぶということは、会社が動く仕組みを知るということだと思っています。つまり経営学は、ビジネスの社会の共通言語です。私は経営学を学んで以来、ビジネス社会でのコミュニケーションがスムーズになりました。多くの場合、ビジネス社会は男性社会ですので、男性とのコミュニケーションも楽になりました。

女性が仕事上で苦労をしているとき、この「共通言語」を理解していないことが原因であるケースは少なくありません。

どうしたら女性たちにビジネスの共通言語を学んでもらえるのだろうかとずっと考えていたのですが、ひょんなことで美佳さんに出会い、「育休プチMBA」勉強会を始めることになり、これは「普通の人に経営学を届ける仕組みになる」と気づきました。

育休プチMBAを卒業して復職した人たちが、出産前以上に活き活きと働いているのを見るにつけ、この仮説を確信しています。美佳さんも、その後どんどん社内での活躍の場を広げており、今では仕事上での付き合いも生まれました。

本書で述べてきた通り、今の日本社会は女性にとって働きやすい状況であるとは決して言えません。ましてやこどもを持つと、仕事で活躍することは難しくなります。こうした状況を構造的に解決するためには社会の制度や会社の経営層が変わらなくてはなりません。

本書を読んでくださったあなたも、「こどもを育てる」と「仕事で活躍する」の両立が少しでも楽になる社会を作るために、力を貸していただければ幸いです。

＊　＊　＊

本書は、多くの人に支えられて出来上がりました。

取材に応じてくださったファイザー株式会社の梨子本紫保さんと荒川明雄さん、株式会社朝日広告社の水溜弥希さんと羽田康祐さん、CCCマーケティング株式会社の白田静香さんと丹尾正和さん、スリーエムジャパン株式会社の辻綾子さんと笹川逸郎さん、仲山正紀さん。育休プチMBA卒業生の皆さんが復職後に評価されている様子をうかがうのは、至福の時間でありました。

インタビューに時間を割いてくださったロート製薬株式会社代表取締役会長兼CEOの山田邦雄氏、ユニリーバ・ジャパン・ホールディングス株式会社取締役人事総務本部長の島田由香氏、株式会社クラシコム代表取締役の青木耕平氏。皆さまのような経営者や管理職がいらっしゃることは、日本社会の希望だと感じます。

育休プチMBAのきっかけをくださったネスレ日本株式会社ネスレヘルスサイエンスカンパニーの岡野美佳さん、NPO法人マドレボニータの太田智子さん。お二人との出会いがなければ、育休プチMBAも今の研究テーマも本書も生まれていませんでした。

日々の育休プチMBAの活動を支えてくださっている元・現運営チームと参加者の皆さん、ケースのアイデアをご提供くださったYさん。皆さんのような優秀な女性に光を当てないのは社会的損失である、という想いが本書の執筆の原動力となりました。

同志として支えてくれている株式会社ワークシフト研究所の小早川優子さん、宮内あすかさん、秘書の宮武さおりさん。大学業務、会社の仕事、育児の傍らでの執筆は多くの苦労を伴いましたが、皆さんがチームとして支えてくださったことで何とかやりきることができたと思っています。

静岡県立大学副学長・慶應義塾大学名誉教授の奥村昭博先生、慶應義塾大学大学院経営管理研究科の浅川和宏先生、小林喜一郎先生、河野宏和先生、そして故・青井倫一先生には、経営学や研究の面白さを教えていただきました。東京大学の中原淳先生には、ご著書を通じて育休プチＭＢＡを支援していただいていると感じています。静岡県立大学のゼミ生たちの存在は、よい未来を作らねばというよいプレッシャーになっています。

そして、出版をさせてくださった、筑摩書房の永田士郎第二編集室部長、並びに担当編集者の伊藤笑子さんにはとても丁寧なフィードバックをいただきました。漫画家の大澄剛さんには、とても素敵なイラストを描いていただきました。

みなさま、誠にありがとうございます。


なお本書を通じて、女性という貴重な資源を活かすための枠組みを提示できたのではないかと自負していますが、他方で、理論枠組みとデータ分析の面では、まだまだ不十分な部分があります。

厳密にいえば、本書で提起している知見の多くは、仮説にとどまります。こうした課題を踏まえ、今年はさらに研究を進め、日本社会の経営課題を探求していきます。

最後になりますが、私の仕事を応援してくれる夫と娘に、心から感謝しています。

育休プチＭＢＡが誕生するきっかけとなったわが家の娘が大きくなったとき、「お母さんの頃は、女性活躍なんていう言葉があったの?」と言われることが私のひそかな目標です。彼女の世代が、キャリアと育児を楽しく両立できる未来をつくるために、私は今日も仕事を頑張ります。

2017年12月

国保祥子

注

序章

＊1　文部科学省「学校基本調査」平成27年度より。

＊2　独立行政法人労働政策研究・研修機構「データブック国際労働比較2015」

＊3　＊2と同じ。

＊4　＊2と同じ。

＊5　＊2と同じ。

＊6　厚生労働省「平成26年度雇用均等基本調査」においては課長相当職以上の管理職全体に占める女性の割合は2013年が6・6％、2011年が6・8％である。厚生労働省「賃金構造基本統計調査」の2014年の課長相当職以上に占める女性の割合は、従業員規模1000人以上で6・8％、500〜999人規模で10・1％、100〜499人規模で9・7％となっている。

＊7　帝国データバンクの「女性登用に対する企業の意識調査」2015年において、自社の管理職（課長相当職以上）に占める女性の割合が「10％以上」と回答した企業はわずか16・2％（そのうち30％以上は5・9％）、10％未満が29・9％、全くいないと回答した企業が50・9％となっている。

＊8　国立社会保障・人口問題研究所「第15回出生動向基本調査（結婚と出産に関する全国調査）」。2015年の調査。

＊9　三菱UFJリサーチ&コンサルティング「平成20年度　両立支援に係る諸問題に関する総合的調査研究」報告書。

＊10　＊9と同じ。

＊11　永瀬伸子・山谷真名・金秀炫　小檜山希・佐野潤子・寺村絵里子（2011）仕事と生活に関する女性WEB

調査、お茶の水女子大学「ジェンダー・格差センシティブな働き方と生活の調和」研究プロジェクト（http://www.dc.ocha.ac.jp/gender/workfam/event/w0.pdf）の調査を見ると、結婚等で一度仕事を辞め、再就職で年収300万円以上の職に就いている女性は12・0％で、55・8％の女性は年収100万円前後での再就職をしている。

＊12　内閣府男女共同参画局「男女共同参画白書 平成16年版」。一部上場企業に1986年から1990年の間に総合職として採用された均等法世代に対する調査。

＊13　厚生労働省大臣官房統計情報部「第1回21世紀成年者縦断調査の概況」（平成14年11月実施）

＊14　＊13と同じ。

第一章

＊15　Bandura, A.（1977）Self-efficacy: Toward a unifying theory of behavioral change. Psychological Review.

＊16　＊15と同じ。

＊17　Bandura, A.（1995）Self-efficacy in Changing Societies - Cambridge University Press.

＊18　総務省統計局「平成23年社会生活基本調査結果」

＊19　総務省統計局「平成23年社会生活基本調査結果」の参考資料。6歳未満児を持つ男性の週平均家事時間。

＊20　高木晴夫（1987）「女性管理職の意欲構造調査――日米比較をもとにして」、組織科学21(1), pp43-53

第二章

＊21　＊12と同じ。序章と人数が違うのは、序章では「100人中何人」と仮の換算をしていることによる。

＊22　中野円佳『「育休世代」のジレンマ――女性活用はなぜ失敗するのか？』光文社新書（2014）の定義より。

＊23　＊8と同じ。

＊24　宗方比佐子・若林満（1987）「女性リーダーに対する態度――二重の偏見」、経営行動科学

＊25　Koenig, Eagly, Mitchell and Ristikari（2011）Are leader stereotypes masculine? A meta-analysis of three research paradigms. Psychological Bulletin.

＊26　J.S. Adams (1965), "Inequity in Social Exchange" in L. Berkowitz (ed), Advances in Experimental Social Psychology (New York: Academic Press).

＊27　エン・ジャパン株式会社「ワーキングマザーに関する意識調査」(http://corp.en-japan.com/newsrelease/2014/2721.html)

＊28　松尾睦『成長する管理職――優れたマネジャーはいかに経験から学んでいるのか』東洋経済新報社（２０１３）

第三章

＊29　佐藤博樹・武石恵美子（２０１４）「短時間勤務制度利用の円滑化：どうすればキャリア形成につながるのか」、佐藤・武石編『ワーク・ライフ・バランス支援の課題』東京大学出版会

＊30　＊29と同じ。

＊31　時短トラップの命名は株式会社こころ代表取締役の山下真実氏による（http://news.mynavi.jp/series/work/001/）

＊32　矢島洋子（２０１４）「女性の能力発揮を可能とするワーク・ライフ・バランス支援のあり方」、佐藤・武石編『ワーク・ライフ・バランス支援の課題』東京大学出版会より。参照データは厚生労働省「育児休業制度等に関する実態把握のための調査研究事業報告書」（平成23年度）

＊33　McCall, M.W.Jr., Lombardo, M.M. and Morrison, A.M. (1988), The Lessons of Experience: How Successful Executives Develop on the Job. New York: The Free Press. McCauley.

＊34　＊28と同じ。

＊35　永瀬伸子・山谷真名・金秀炫 小檜山希・佐野潤子・寺村絵里子（２０１１）仕事と生活に関する女性ＷＥＢ調査、お茶の水女子大学「ジェンダー・格差センシティブな働き方と生活の調和」研究プロジェクト（http://www.dc.ocha.ac.jp/gender/workfam/event/w0.pdf）より

＊36　内閣府「平成17年版国民生活白書　子育て世代の意識と生活」

＊37 厚生労働省「賃金構造基本統計調査」２０１４年をもとに筆者算出

＊38 筒井淳也『仕事と家族――日本はなぜ働きづらく、産みにくいのか』中公新書（２０１５）

＊39 ＊38と同じ。

＊40 国立社会保障・人口問題研究所「第15回出生動向基本調査」より、妊娠時に就業していた妻に占める結婚後・出産後に就業を継続していた妻の割合。第1子出生前の従業上の地位が正社員の群。

＊41 ＊40と同じ。第1子出生前の従業上の地位がパート・派遣の群。

第四章

＊42 石塚由紀夫『資生堂インパクト――子育てを聖域にしない経営』日本経済新聞出版社（２０１６）を参考にしています。データも本書より。

＊43 詳細は、国保祥子（２０１７）『人材開発研究大全』（中原淳編、東京大学出版会）「第20章 女性管理職の育成」をご覧ください。

＊44 矢島洋子（２０１４）女性の能力発揮を可能とするワーク・ライフ・バランス支援のあり方、佐藤・武石編『ワーク・ライフ・バランス支援の課題』東京大学出版会。

第五章

＊45 国立社会保障・人口問題研究所「日本の将来推計人口（平成29年推計）」死亡中位仮定より。

＊46 厚生労働省「厚生労働白書」、内閣府「男女共同参画白書」（平成26年版）および総務省「労働力白書」

＊47 Ashby, W. R., (1947). "Principles of the Self-Organizing Dynamic System," Journal of General Psychology; 伊丹敬之『場のマネジメント――経営の新パラダイム』ＮＴＴ出版（１９９９）および野中郁次郎・竹内弘高著、梅本勝博訳『知識創造企業』東洋経済新報社（１９９６）

＊48 Lowe, K.B., Kroeck, K.G. and Sivasubramaniam, N. (1996). "Effectiveness Correlates of Transformational and Transactional Leadership: A Meta-analytic Review of the Mlq Literature." The Leadership Quarterly; Eagly, A.H.,

Johannesen-Schmidt, M.C., and Van Engen, M.L. (2003). "Transformational, Transactional, and Laissez-Faire Leadership Styles: A Meta-Analysis Comparing Women and Men." Psychological Bulletin.

＊49　ロート製薬株式会社代表取締役会長兼ＣＥＯ山田邦雄氏インタビュー（２０１７年7月14日実施）より。

＊50　ロート製薬ウェブサイトより引用

＊51　＊50と同じ。

＊52　＊50と同じ。

＊53　ユニリーバ・ジャパン・ホールディングス株式会社取締役人事総務本部長島田由香氏へのインタビューおよびＷＡＡ説明会講演録より。

＊54　株式会社クラシコム代表取締役青木耕平氏インタビュー（２０１７年6月28日実施）より。

＊55　公益財団法人日本生産性本部「労働生産性の国際比較」２０１6年より。

＊56　労働政策研究・研修機構「データブック国際労働比較２０１６」6-1　一人当たり平均年間総実労働時間（就業者）より。

第六章

＊57　浜屋祐子・中原淳『育児は仕事の役に立つ――「ワンオペ育児」から「チーム育児」へ』光文社新書（２０１７）より。

＊58　Granovetter, Mark; (1973) "The Strength of Weak Ties"; American Journal of Sociology, Vol. 78, No. 6., May 1973, pp 1360-1380.

＊59　プロジェクト・マネジメントの部分は、キャンベル＆ベーカー『世界一わかりやすいプロジェクト・マネジメント　第３版』総合法令出版（２０１１）を参考にしています。

＊60　キャンベル＆ベーカー『世界一わかりやすいプロジェクト・マネジメント　第３版』総合法令出版（２０１１）より。

第七章

＊61　高田朝子（２０１３）「女性管理職育成についての定性的調査からの一考察―昇進の背中をおした事象とは何か―」、経営行動科学 26（3），233-248.

＊62　Bandura, A.（1977）. Self-efficacy: Toward a unifying theory of behavioral change. Psychological Review, Vol 84（2）, Mar 1977, 191-215.

＊63　Bandura, A.（1995）Self-efficacy in Changing Societies - Cambridge University Press

＊64　＊20と同じ。

ちくま新書
1302

働《はたら》く女子《じょし》のキャリア格差《かくさ》

二〇一八年一月一〇日　第一刷発行

著　者　国保祥子（こくぼ・あきこ）
発行者　山野浩一
発行所　株式会社　筑摩書房
東京都台東区蔵前二-五-三　郵便番号一一一-八七五五
振替〇〇一六〇-八-四一二三
装幀者　間村俊一
印刷・製本　三松堂印刷 株式会社

乱丁・落丁本の場合は、左記宛にご送付ください。
送料小社負担でお取り替えいたします。
ご注文・お問い合わせも左記へお願いいたします。
〒三三一-八五〇七　さいたま市北区櫛引町二-六〇四
筑摩書房サービスセンター　電話〇四八-六五一-〇〇五三

ISBN978-4-480-07108-8 C0236

1179
日本でいちばん社員のやる気が上がる会社
――家族も喜ぶ福利厚生100
坂本光司＆坂本光司研究室
全国の企業1000社にアンケートをし、社員と家族を幸せにしている100の福利厚生事例と、業績にも確実によい効果が出ているという分析結果を紹介する。

1175
30代からの仕事に使える「お金」の考え方
児玉尚彦
上野一也
あなたは仕事できちんと「お金」を稼げていますか？ビジネス現場で最も必要とされる「お金で考えるスキル」を身につけて、先が見えない社会をサバイブしろ！

1166
ものづくりの反撃
中沢孝夫
藤本隆宏
新宅純二郎
「インダストリー4.0」「IoT」などを批判的に検証し、日本の製造業の潜在力を分析。現場で思考をつづけてきた経済学者が、日本経済の夜明けを大いに語りあう。

1138
ルポ 過労社会
――八時間労働は岩盤規制か
中澤誠
長時間労働が横行しているのに、さらなる規制緩和は必要なのか？　雇用社会の死角をリポートし、「働きすぎの日本人」の実態を問う。佐々木俊尚氏、今野晴貴氏推薦。

1130
40代からのお金の教科書
栗本大介
子どもの教育費、住宅ローン、介護費用、老後の準備、相続トラブル。取り返しのつかないハメに陥らないために、「これだけは知っておきたいお金の話」を解説。

1128
若手社員が育たない。
――「ゆとり世代」以降の人材育成論
豊田義博
まじめで優秀、なのに成長しない。そんな若手社員が増加している。本書は、彼らの世代的特徴、職場環境、大学での経験などを考察し、成長させる方法を提案する。

1092
戦略思考ワークブック【ビジネス篇】
三谷宏治
Suica自販機はなぜ1・5倍も売れるのか？　1着25万円のスーツをどう売るか？　20の演習で、明日から使える戦略思考が身につくビジネスパーソン必読の一冊。

ちくま新書

784 働き方革命 ——あなたが今日から日本を変える方法 駒崎弘樹

仕事に人生を捧げる時代は過ぎ去った。「働き方」の枠組みを変えて少ない時間で大きな成果を出し、家庭や地域社会にも貢献する新しいタイプの日本人像を示す。

1270 仕事人生のリセットボタン ——転機のレッスン 為末大 中原淳

これまでと同じように仕事をしていて大丈夫？ 右肩上がりではなくなった今後を生きていくために、自分の生き方を振り返り、明日からちょっと変わるための一冊。

1275 ゆとり世代はなぜ転職をくり返すのか？ ——キャリア思考と自己責任の罠 福島創太

いま、若者の転職が増えている。本書ではゆとり世代の若者たちに綿密なインタビューを実施し、分析。また、彼らをさらなる転職へと煽る社会構造をあぶり出す！

1283 ムダな仕事が多い職場 太田肇

日本の会社は仕事にムダが多い。顧客への過剰なサービス、不合理な組織体質への迎合は、なぜ排除されないのか？ ホワイトカラーの働き方に大胆にメスを入れる。

1197 やってはいけない！ 職場の作法 ——コミュニケーション・マナーから考える 高城幸司

雑談力、社内ヒエラルキーへの対処、ツールの使い分け、会議の掟、お詫びの鉄則など、社内に溶け込み、存在感を示していくためのコミュニケーションの基本！

1232 マーケティングに強くなる 恩蔵直人

「発想力」を武器にしろ！ ビジネスの伏流を読み解き、現場で考え抜くためのヒントを示す。仕事に活かせる実践知を授ける、ビジネスパーソン必読の一冊。

1188 即効マネジメント ——部下をコントロールする黄金原則 海老原嗣生

自分の直感と経験だけで人を動かすのには限界がある。マネジメントの基礎理論を学べば、誰でもいい上司になれる。人事のプロが教える、やる気を持続させるコツ。